贝页
ENRICH YOUR LIFE

世界尽头的灯塔

[西]冈萨雷斯·马西亚斯 著　罗秀 译

文汇出版社

图书在版编目（CIP）数据

世界尽头的灯塔 /（西）冈萨雷斯·马西亚斯著；
罗秀译. —上海：文汇出版社, 2023.5

ISBN 978-7-5496-3996-0

Ⅰ. ①世… Ⅱ. ①冈… ②罗… Ⅲ. ①灯塔-通俗读物 Ⅳ. ①U644.42-49

中国版本图书馆 CIP 数据核字（2023）第 043380 号

BREVE ATLAS DE LOS FAROS DEL FIN DEL MUNDO（BRIEF ATLAS OF THE LIGHTHOUSES AT THE END OF THE WORLD），by GONZÁLEZ MACÍAS

Copyright © 2020 Ediciones Menguantes
www.menguantes.com

This edition published by arrangement with Casanovas & Lynch Literary Agency S. L. and The Grayhawk Agency, Ltd.

ALL RIGHTS RESERVED

上海市版权局著作权合同登记号：图字：09-2022-0377
国审受字（2022）第 05615 号

本书简体中文版专有翻译出版权授予上海阅薇图书有限公司拥有。
未经许可，不得以任何手段和形式复制或抄袭本书内容。

世界尽头的灯塔

作　　者	〔西〕冈萨雷斯·马西亚斯
译　　者	罗　秀
责任编辑	戴　铮
封面设计	汤惟惟
版式设计	汤惟惟
出版发行	**文匯**出版社
	上海市威海路 755 号
	（邮政编码：200041）
印刷装订	上海颛辉印刷厂有限公司
版　　次	2023 年 5 月第 1 版
印　　次	2023 年 5 月第 1 次印刷
开　　本	889 毫米×1194 毫米　1/32
字　　数	57 千字
印　　张	7
书　　号	ISBN 978-7-5496-3996-0
定　　价	84.00 元

毫无疑问，世界尽头的灯塔是一簇稳定的光芒，无需担心哪位船长会将它跟另一束光线混淆，因为在那些地方没有任何其他灯塔。

——儒勒·凡尔纳《世界尽头的灯塔》

目　录

序言
1

灯塔地图
6

1. 埃子沟灯塔（乌克兰）
9

2. 阿梅迪灯塔（法国）
15

3. 阿尼瓦灯塔（俄罗斯）
21

4. 贝尔礁灯塔（英国）
27

5. 布达岛灯塔（西班牙）
33

6. 布兰科角灯塔（阿根廷）
39

7. 克利伯顿灯塔（法国）
45

8. 克伦布雷特灯塔（西班牙）
51

9. 埃迪斯通灯塔（英国）
57

10. 埃尔德雷德岩灯塔（美国）
65

11. 伊万格里斯达灯塔（智利）
71

12. 弗兰南群岛灯塔（英国）
77

13. 戈德雷维灯塔（英国）
83

14. 大以撒礁灯塔（巴哈马）
89

15. 格里普灯塔（挪威）
95

16. 瓜达富伊灯塔（索马里）
101

17. 朱芒灯塔（法国）
107

18. 小库拉索岛灯塔（荷兰王国）
113

19. 莱姆岩灯塔（美国）
119

20. 朗斯灯塔（英国）
125

21. 马苏克灯塔（澳大利亚）
131

22. 马蒂尼库斯岩灯塔（美国）
137

23. 纳弗沙灯塔（美国）
143

24. 罗本岛灯塔（南非）
149

25. 鸟岩灯塔（加拿大）
155

26. 鲁比格·克努德灯塔（丹麦）
161

27. 圣胡安·德萨尔瓦门托灯塔（阿根廷）
167

28. 斯莫尔斯灯塔（英国）
173

29. 斯坦纳德岩灯塔（美国）
179

30. 斯蒂芬岛灯塔（新西兰）
185

31. 斯维亚托诺斯基灯塔（俄罗斯）
191

32. 提拉穆克岩灯塔（美国）
197

33. 维耶灯塔（法国）
203

34. 蚊尾洲灯塔（中国）
209

序　言

在一次家庭聚餐中，我提到自己打算写一部关于灯塔的书。我的父亲几乎难以置信地望着我，惊呼道："灯塔？可你跟我一样是只旱鸭子！"他说得没错，我出生在伊比利亚半岛的内陆地区，除了短暂的几年，一直生活在远离海洋的地方。因此，我必须提醒读者，隐身在本书后面的是一个"骗子"。虽然我对灯塔的向往由来已久，甚至有时会感觉自己迫切需要逃到加利西亚或阿斯图里亚斯的某个海角，躲进灯塔——也许你也产生过同样的念头——但我要不无遗憾地告诉你：很不幸，在这方面我根本不是什么专家。

这个念头由来已久。我一直希望利用自己日常接触的材料编纂一本书：文本、绘画、地图、照片……这些都是在日复一日的工作中，我常常经手的素材。有一些书籍曾令我陶醉，受它们的启发，编写一部诗意地图集的想法在我脑海中萦绕不去：以地图作为插画，装点短小的故事，这些故事能让我们仿佛离开舒适的座椅，动身前往遥远的地方旅行——但我需要一个契机将这个想法付诸实践。这本关于偏远灯塔的小书如今能够出现在你的面前，要感谢一系列的偶然事件。一方面，一支名为"南方之北"（North of South）的乐队委托我设计唱片封面，我立马有一个直觉——应该画几座竖立在小行星上的灯塔。它们仿若漂浮在天际，光芒投向外太空，这种梦幻般的形象十分相宜。为了完成这些插画，我搜集了很多资料，就在这个过程中，一种异乎寻常的美吸引了我的目光。我欣赏着一个又一个灯塔，赞叹不已。另一方面，也是因为工作的关系，我发现了何塞·路易斯·比涅阿斯（José Luis Viñas）的《第六次灭绝：缺席的生物多样性地图集》一书。这是一部极富艺术性的作品，讲述了一些鸟类物种的灭绝。在这部书中，我读到了斯蒂芬岛异鹩和斯蒂芬岛灯塔的故事，了解到这种新西兰小鸟是如何神秘消失的。这神奇的故事令我如痴如醉，并开始寻找更多相关信息。我深深地沉迷于此，并通过某种方式，把它变成了自己的故事。不久之后，我惊讶地发现自己正在向朋友们讲述这件事。毫无疑问，这是某种征兆，预示着我很快将受困于某个偏远的灯塔，也预示着我将会变成雷·布雷德伯里（Ray Bradbury）的故事《浓雾号角》（*The Fog Horn*）中的主人公。那是一个美妙的故事：在歌声和灯塔光芒的召唤下，海怪从深海浮出水面，渴望拥抱灯塔。

这些奇迹般的建筑中蕴含着一种既美丽又蛮荒的东西。也许这是因为我们意识到它们即将消失。灯光熄灭了，建筑逐渐崩塌。今天，虽然其中很多灯塔仍在继续努力履行为水域照明的使命，但新的海洋通讯科技使它们的存在变得越来越无足轻重。船只已经不再需要这些浪漫的庇护。新的导航技术——轨道卫星、GPS、声呐、雷达——都使我们不再记得，灯塔曾是一些男人和女人们生活、工作的地方，而在很多情况下，他们的姓名从不为人所知。随着时间的流逝，自动化航标的数量在增加，有一些灯塔已经失去了原有的作用，变成了旅游目的地；还有一些没有那么幸运，被直接遗弃了。曾象征着守候与保护的守塔人，大部分也离开了自己的岗位。虽然这种生活方式即将烟消云散，但我们还拥有他们的故事：一段时间里，废墟以文字的形式存在着。在那时，技术和英雄主义是一回事，因为在这些灯塔上，尤其是在与世隔绝的灯塔，人类总须仰仗于自然的意志而存活。

因此，这并不只是一本关于灯塔的书。通过这样一种方式，我们看到在人性的镜子中反射出的自己，反思人类在孤独中生活的经验，承认在生存的挑战下我们不得不依赖他人，并探索人类在极端情形下的遭遇会何等悲惨，又会变得如何高尚。失去同类的庇护时所感受到的空洞，对于某些人来说是地狱。相反，对于另一些人来说，比如查尔斯·布考斯基（Charles Bukowski），"离群索居是一种奖赏"。

儒勒·凡尔纳所著的冒险小说《世界尽头的灯塔》，灵感来自一座位于巴塔哥尼亚，曾在十九世纪末短暂点亮过的小小灯塔。他描写了洛斯埃斯塔多斯岛——尽管从未踏上过阿根廷的土地，正如他也从未去过月球、地心，或深海。但无论如何，他构建了一个美妙的故事。近两年来，我以同样方式潜游在信息的海洋里，试图从暗影中辨认出光亮，使一些有时难以展现的故事变得历历在目。这里没有任何新的创造——本书中记录的一切此前都曾在别的地方出现过。尽管身处现代的舒适环境，但我对它们却如同老友般熟识，甚至能够感受到狂风摇撼的窗户，暴风雨之后的与世隔绝，以及在浓雾中虎视眈眈的孤独。

我的墙上挂着一幅巨大的米其林世界地图。在那段奇妙的时光里，每天我都放任自己的视线迷失在地图画面上，跟随着偶然性的指引，或辨认一个标注在黑点旁边的地名，或观察一个由线条框定的空间,迫使自己瞬移到那里,开启一段想象的旅行。也许正因如此,我将这本书构思为一部地图集。然而,如果说我在地图上看到的世界是广阔而无垠的,那么这本书则是简短而有限的。选择在地图上展示哪些地点,隐藏哪些位置,成了最复杂的问题。我也很清楚,许多伟大而迷人的灯塔都承载着引人入胜的故事,本书却未能尽数收入。

我希望,通过这些故事、绘画和航海图,你能在遥远的时间和无垠的空间里展开一次史诗般的旅行。书中的这些旅行时而艰辛晦暗、时而振奋人心,但愿你也像我一样乐在其中。

何塞·路易斯·冈萨雷斯·马西亚斯

（本书插图系原文插附地图）

灯塔就像一只编织的竹篮,

有数百个空洞,

风可以畅通穿行。

雷巴尔切，
赫尔松州（乌克兰）

埃子沟灯塔
Faro de Adziogol

1

在雷巴尔切（Rybalche）附近，柏油公路到了尽头。再往前就是金伯恩（Kinburn）的沙地——一个远离文明的地方，依次延绵着金色的沙丘、海岸盐矿和松柏树林。这片辽阔的草原曾经是亚马孙人的居所。据希罗多德①记载，只有赫拉克勒斯才能打败她们。

在离雷巴尔切1.5公里的地方，第聂伯河汇入黑海。从一百多年前开始，这一片水域中便矗立着一座纤秀的建筑。时至今日，它的存在仍是不可或缺的：在秋日的缭绕雾气中驾驶船只到达赫尔松，沿着第聂伯河逆流而上，意味着在河流的礁石、错综交织的积云云团，以及潮淹区复杂的疏浚渠道之间展开一趟迷宫般的航行。

如果游客感到好奇，也许给点现金、几罐啤酒和几升汽油，能够请某个当地渔民带他来到灯塔。运气好的话，甚至可以进入这个巨大的结构内部——红色的、闪闪发光的金属框架。从狭窄的楼梯拾级而上，仿若攀登一只巨型昆虫的翅膀。在灯塔的底座之中，有一个小小的避难所，供守塔人使用。虽然他们可以每天往返于海岸和灯塔之间，在温暖的时节划着小船，冬天则从冰上

---

① 希罗多德（Herodotus），约公元前484年—公元前425年，古希腊历史学家，被尊称为"历史之父"。

步行，但有时候，突然变化的天气使他们在数周内都无法返回陆地。在这里，没有什么是不必要的。

弗拉基米尔·舒霍夫（Vladimir Shukhov）[①]描画的线条，像乌克兰妇女编织"贾斯卡"（justkas）[②]时绷的线一样细致精美。在纸面上观察它的结构图，会自然而然地担心，如果一阵轻风从某个微妙的角度吹过，也许整个建筑都会随之倒塌。然而，这些线条虽然纤细，却很坚固。在十九世纪末，舒霍夫设计出了许多灯塔、屋顶、阁楼和房屋，这些建筑耗材绝少，却能保持长久屹立。他成功地为简单的钢网支架注入了生命，使它们成为非凡的建筑作品，充满秩序感、纤秀轻盈，不再屈从于时间的规则。

这种双曲面的设计集效率、简洁和优雅为一身，在1917年革命[③]之后，为苏维埃建筑注入了建构主义灵魂。舒霍夫被认为是历史上最杰出的俄国工程师之一。

埃子沟灯塔的结构就像一只编织的竹篮，有数百个空洞，让风可以畅通穿行。

[①] 弗拉基米尔·格里戈里耶维奇·舒霍夫（1853—1939），沙俄/苏联工程师、科学家、建筑师，开创了双曲结构体系的新领域。
[②] "贾斯卡"是一种针织面料的头巾，是乌克兰已婚妇女的典型装扮。
[③] "1917年革命"指俄国十月革命。

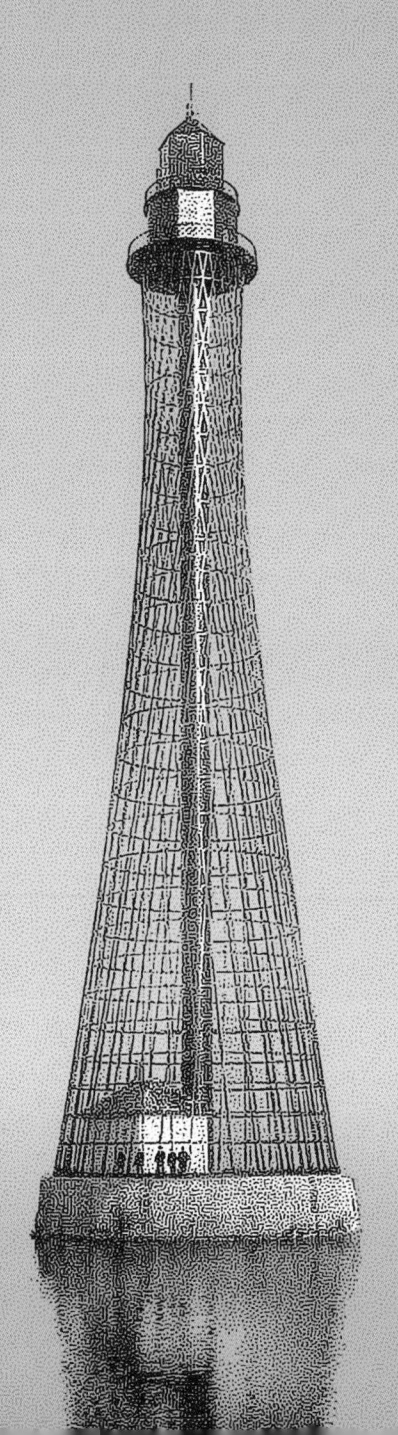

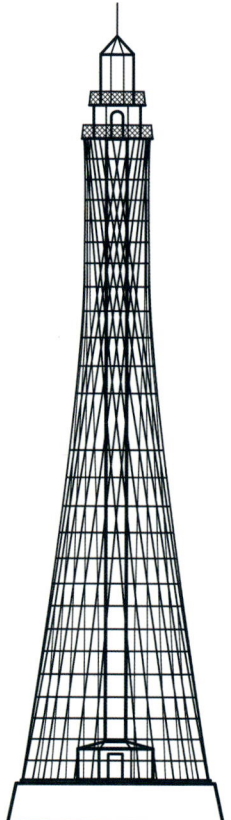

1

埃子沟灯塔

黑海，欧洲

北纬 46° 29′ 32″
西经 32° 13′ 57″

工程师：弗拉基米尔·舒霍夫
建造时间：1908 年—1911 年
亮灯时间：1911 年
目前状态：使用中
材质形态：双曲面钢塔
塔高：64 米
焦平面高度：67 米
照明范围：19 海里
灯光特征：白色恒定光

埃子沟灯塔创造了数个高度记录：舒霍夫建造的最高单体结构、乌克兰最高的灯塔。它是全世界第十九高的灯塔，也是本书中收录的最高灯塔。

如果埃菲尔铁塔采用与埃子沟灯塔相似的双曲面结构，其重量将减少三分之二。

2000米

奥列克桑德里夫卡

索菲伊夫卡　索洛内茨湖

什罗卡巴尔卡

伊万诺-弗兰科夫斯克

第尼普罗夫斯卡

基佐米斯

瓦赫

维利嘉瓦河

多马哈河

黑海

维布卡岛

亚努舍夫岛

埃子沟

第聂伯河

孔卡河

维诺格拉德里

里巴利勒

扎巴里涅

雷巴尔居斯克湖　皮夫尼夫湖

乌克兰

阿吉戈利湖

黑海

灯塔被打包成1200个箱子，
在漆黑的货舱中穿越大洋。

阿梅迪灯塔
Faro de Amédée

1867 年,在诺士-杜夫尔(Roches-Douvres)的险峻礁石上,距离法国布列塔尼(Brittany)海岸将近四十公里的地方,建起了一座巨大的铸铁灯塔。这座塔照亮了布雷赫特岛(Brehet)和根西岛(Guernsey)之间的水域,直到 1944 年被德国军队摧毁。幸运的是,这座古老的诺士-杜夫尔灯塔在地球的另一边还保存着一座孪生塔。

十九世纪中期,法兰西帝国把新喀里多尼亚(New Calidonia)变成了殖民地。库克船长和拉佩鲁兹(La Pérouse)的航行都曾探索过这座岛屿。法国人发现,这是建造监狱的理想之所——虽然没有圭亚那监狱① 那么声名狼藉——可将那些在法国日益激烈的人民暴动后被判决的危险罪犯和政治犯迁至此地。这里曾经是捕鲸人、檀香木走私贩和偷猎渔民常来的地方,立法者们则将这片人间天堂称为"地球上最洁净的监禁中心之一"。

在新建立的城市努米阿(Numea),一块宽阔的礁石守护着海港入口。在数百个珊瑚礁之间,迎着变幻莫测的风浪,穿越布拉里(Boulari)通道的航程充满艰难险阻。很快,包括"冒险号"

---

① 圭亚那监狱,位于南美洲法属圭亚那的三座小岛上,分别名为苦役岛、禁闭岛和恶魔岛,因条件恶劣和戒备森严,被称为"地狱中的地狱"。

（*L'Aventure*）在内的众多船只遇难，使建造一座灯塔成为当务之急。虽然阿梅迪这座弹丸小岛被选为建塔的位置，灯塔塔身却是在极其遥远的地方生产的——那座自称为"光明之城"的大都市距此超过一万六千公里。

在巴黎，里格莱特（Rigolet）公司建造了灯塔的金属架构，随后一件件运往海边。亨利·勒波特（Henry Lepaute）的钟表工坊生产了灯塔的旋转装置，奥古斯汀·菲涅尔（Augustin Fresnel）设计了光学仪器——得益于这些光学仪器，全世界的海洋都有了光明。

1862年，即将被送往新喀里多尼亚的灯塔巍峨地耸立在巴黎维莱特（Villette）区。那个夏天，首都市民在水手们之前欣赏到了它的剪影。两年后，灯塔被打包成1200个箱子，重达近四百吨，在塞纳河被装上驳船，送到勒阿弗尔（Le Havre）港口，然后在"埃米尔·佩雷尔号"（*Émilie Pereire*）船舰漆黑的货舱中穿越大洋。这束光代表着先进技术到达了这个新殖民地。1865年11月15日，阿梅迪灯塔在宗教仪式、盛大的军队仪仗和政要们泛泛其词的演讲中揭幕了。

感谢这座明亮的信号塔，装满了政治犯的船舰安全抵达了新喀里多尼亚的港口。也许，有某个法国公民在巴黎街头散步时曾欣赏过它，后来却从努米阿的一间牢房内远眺与凝望，谁知道呢？

2

阿梅迪灯塔

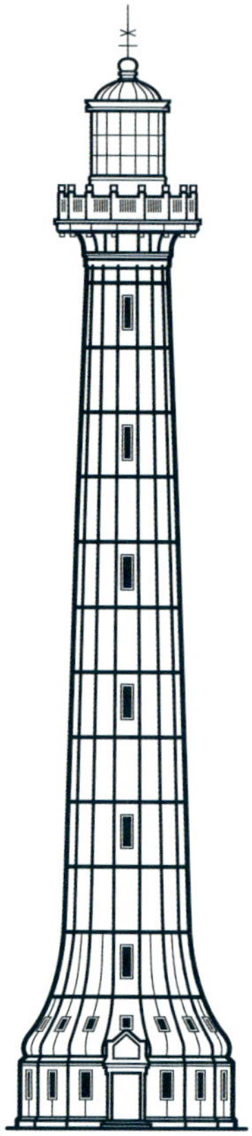

**珊瑚海,太平洋,
大洋洲**

南纬 22° 28′ 38″
东经 166° 28′ 05″

建造时间：1862 年
亮灯时间：1865 年
自动化时间：1985 年
目前状态：使用中
材质形态：圆锥形铸铁塔
塔高：56 米
焦平面高度：59 米
照明范围：24.5 海里
灯光特征：每 15 秒两次白光闪烁

在阿梅迪可以寄信。塔内设有一个小小的邮政办公室，并提供灯塔专用的邮票。

通往露台和灯座的螺旋形楼梯是由 247 级铸铁台阶构成的。

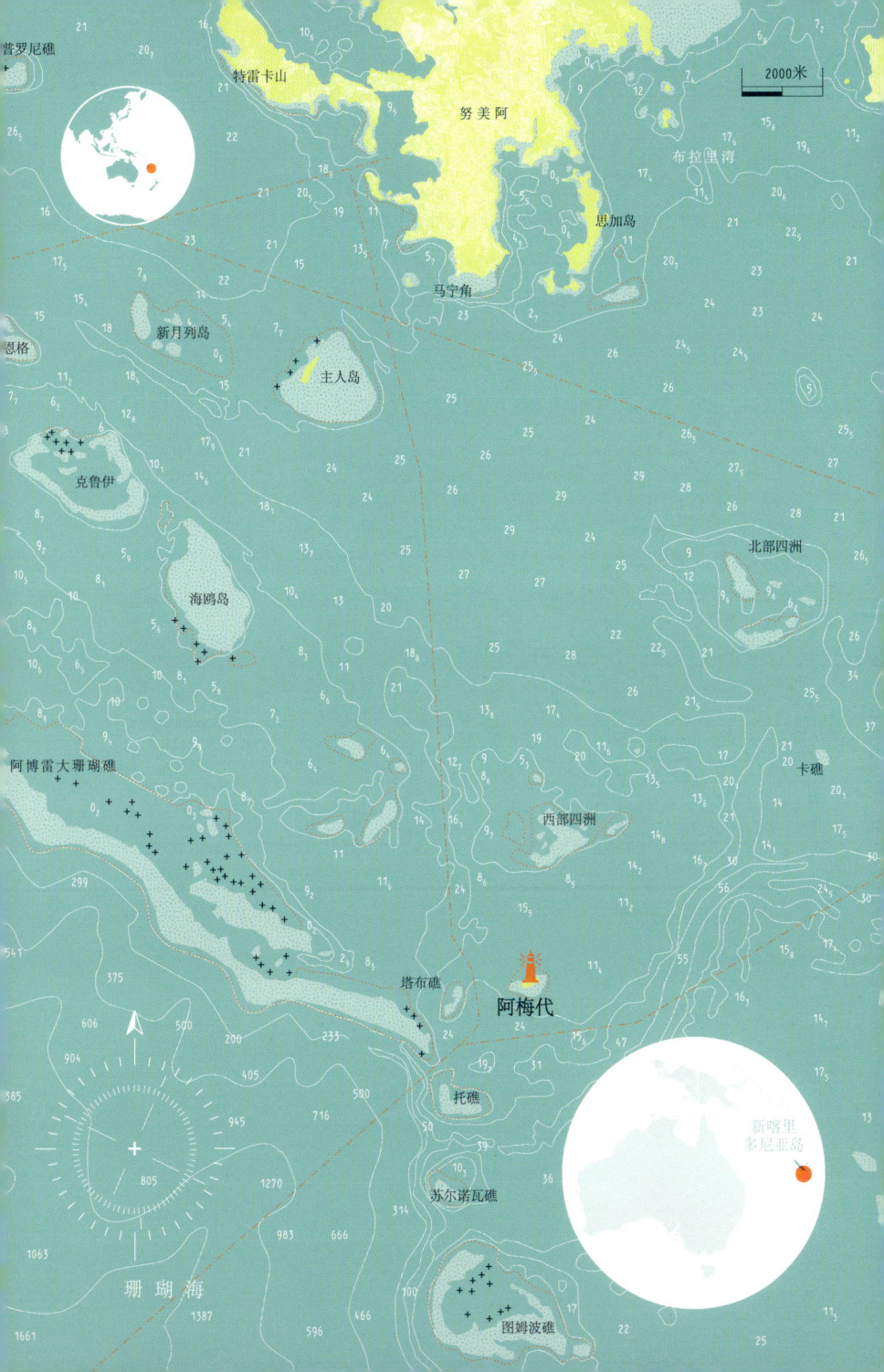

"危险,核辐射!"

阿尼瓦灯塔
Faro de Aniva

3

在苏联海域深不可测的黑暗中,为数不多的几座孤远灯塔照亮了水面,指引着航行者们。这些站点的维护成本十分高昂,以至于有时无法实现其能源供应,因此苏维埃领袖们不得不选择了一种高风险的替代方案以保证其运行。冷战期间,有一百三十多座苏联灯塔由 RTG(放射性同位素热电发电机)供能。这种设备类似于一座微型核电站,通过分解放射性材料所产生的热量来发电。RTG 常被用于卫星、空间声呐和远程设备——在那些人类无法到达的地方,更换电池是件复杂的事情。

萨哈林(Sakhalin Oblast)是一座狭长的岛屿,岛上曾居住着日本人、俄国人和中国人。从十七世纪开始,关于这片领土的争议从未停止,直到第二次世界大战结束时被苏联吞并。1939 年,在岛屿的西南角竖立起一座孤零零的日本灯塔,原名叫做中知床(Nakashiretoko)。工程师三浦忍(Shinobu Miura)将其精妙地安置于西武恰(Sivuchya)岩石之上,面对陡峭的阿尼瓦海角(Cape Aniva),它仿佛仙女故事中的城堡。但日本人管理这座灯塔的时间不到十年,《旧金山和约》签订之后,他们不得不从岛上撤离。随后的四十年中,灯塔在俄国工程人员的操作下继续运行,其一直用柴油发动机供应能源,直到 1996 年——苏维埃旗帜从克里姆林宫降下的五年之后，才使用放射性同位素发电机实现了自动化。一夜之间，守塔人们离开了，所有的设施和登记簿都被遗忘在阿尼瓦，从此归于沉寂。

这座灯塔已经荒废了十余年。它失去了耀眼光芒，成千上万的海鸟成了这里的主人。时间的流逝在这座苍凉的建筑上留下了痕迹：剥落的墙壁、生锈的结构、遭洗劫的古老发动机、破碎的玻璃窗。茫茫大海中，阿尼瓦日渐颓塌。大胆的游客们乘坐小船靠近，寻找被废弃的遗迹，这项活动在日本被称为"废墟探索"（haikyo）。如果大海风平浪静，他们还会在残破的灯塔下自拍。

虽然当局保证放射性同位素发电机已被拆除，但在其中一堵墙上，仍然可以辨认出巨大的白色手写字体："危险，核辐射！"

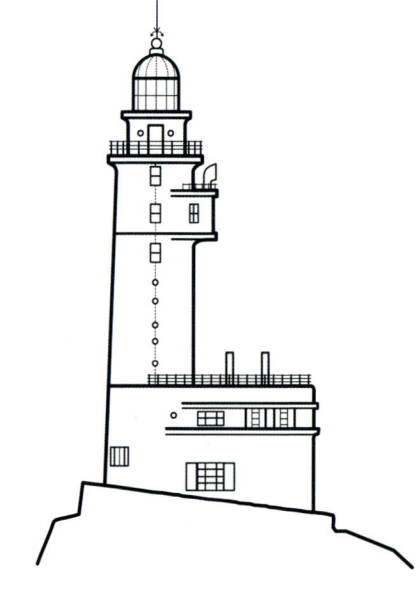

3

阿尼瓦灯塔

鄂霍次克（Ojotsk）海，
太平洋，亚洲

北纬 46°01′07″
东经 143°24′51′

工程师：三浦忍
建造时间：1937年—1939年
亮灯时间：1939年
自动化时间：1990年
停用时间：2006年
材质形态：圆柱形混凝土塔
塔高：31米
焦平面高度：40米
照明范围：15.2海里

在这座灯塔建成之前五十年，安东·契词夫（Antón Chéjov）被流放到萨哈林岛。他将此地描述为"一个冰封的地狱"。

可以从诺维科沃（Novikovo）乘坐机动船到达灯塔，航行距离约四十公里。

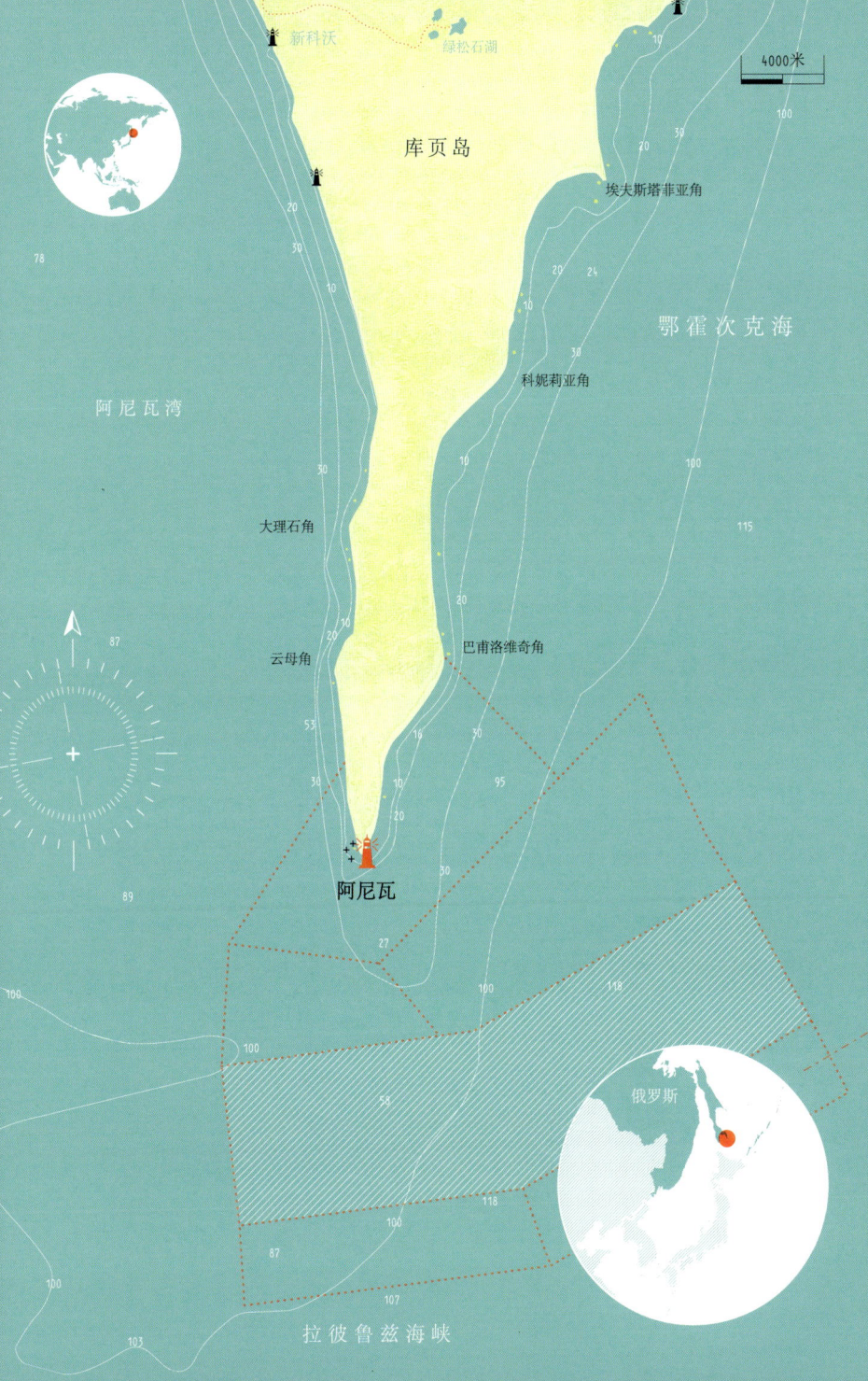

《金银岛》作者的祖父,
梦想着在看似不可能征服的地方建一座灯塔。

印奇角岩石，阿布罗斯，
苏格兰（英国）

贝尔礁灯塔
Faro de Bell Rock

4

传说，阿布罗斯（Arbroath）修道院院长在印奇角岩石（Inch Cape Rock）上放置了一座用海浪驱动的钟，以提醒往来船只：这里有块暗礁，且大部分时间都隐没在水下。一个名叫拉尔夫的海盗"借走"了这座钟，之后就将这事儿遗忘了。几年后，当他满载战利品返回港口时，竟在此遇难。

距离最近的海岸十八公里处，六十名男子正热火朝天地在一块岩石上钻孔。他们站在齐膝深的海水中，仿佛涉行于北海之上。他们全力赶工，因为两个小时后潮涌会将这里完全淹没。在这一切发生之前，他们要返回停泊在附近区域的"斯米顿号"（*Smeaton*）和"法罗斯号"（*Pharos*）船舰，然后这一天余下的时间都在海浪摇晃中度过。秋天来临时，他们已经开挖了一处直径十三米的地基，还搭建了几个棚子，以便在下一个工程期间居住和存放物资。第二年夏天，他们成功安放了第一块石头，而要建成灯塔，必须再垒上两千五百块。每一块石料都重约一吨，经过一番雕琢，这些石头像拼图一样上下前后嵌合，并被木质销钉加固。

整个工程持续了三年多，其间，有劳工因无法忍受海洋恶劣气候而潜逃，还有因啤酒供应不足而导致的暴动，甚至有劳工丧生。最终，贝尔礁的灯光在 1811 年 2 月 1 日点亮。

贝尔礁灯塔是建于开放海域并屹立至今的最古老灯塔。它的坚固源于工人、海员、监工、石匠等无名人士的集体努力……但其功绩往往被归于两个人。罗伯特·斯蒂芬森（Robert Stevenson）——著名的《金银岛》作者的祖父，他年轻、果敢，或许还有些狂妄，梦想着在某个看似不可能征服的地方建起一座灯塔。他策划了这个项目，并成功地说服了北海灯塔委员会，使他们相信计划是可行的。他一直奋斗在工程前线，忍受艰辛，不惧危险。另一位是总工程师约翰·雷尼（John Rennie），他从未亲至这块礁石，只远在伦敦的办公室，但他不仅保证了所有的计算都准确无误，而且提供各种技术解决方案，使塔身能抵御苏格兰海的严酷气候。

这座灯塔的设计跟一个男人和一棵树的邂逅有关，虽然那只是间接的联系。五十年前，在英格兰南部海岸偏远的埃迪斯通（Eddystone）礁石上曾建起一座灯塔。工程师约翰·斯密顿（John Smeaton）亲眼目睹一棵老橡树是如何在猛烈的暴风雨中挺立不折，之后便画出了灯塔的结构，而贝尔礁灯塔则采用了它的平面图作为模型。

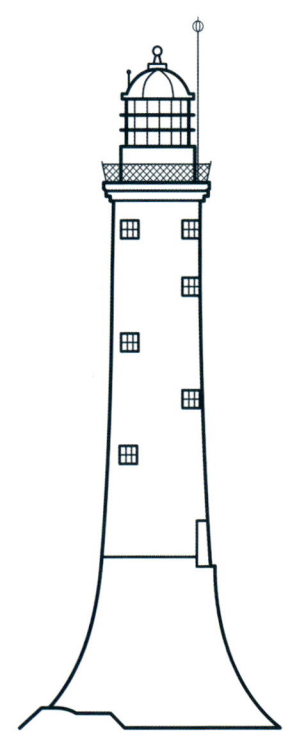

贝尔礁灯塔

北海，大西洋，欧洲

北纬 56°25′58″
西经 02°23′17″

工程师：罗伯特·斯蒂芬森
建造时间：1807年—1810年
亮灯时间：1811年
自动化时间：1988年
目前状态：使用中
材质形态：圆柱形阿伯丁花岗岩塔
塔高：35.3 米
焦平面高度：28 米
照明范围：18 海里
灯光特征：每15秒一次白光闪烁

据 BBC 编剧及制片人黛博拉·卡布里（Deborah Cadbury）称，贝尔礁灯塔是世界七大工业奇迹之一，与布鲁克林大桥、胡佛水坝及巴拿马运河齐名。

1819 年，斯蒂芬森委托风景画家威廉·透纳（William Turner）创作了一幅关于贝尔礁灯塔的作品。这位著名的艺术家曾经为了创作《暴风雪——汽船驶离港口》而在一次风暴中将自己绑在桅杆上，但这一次，他却从未亲临其境，在工作室中闭门挥就了一幅水彩画。

守塔人登上三百六十五级台阶来到灯座,第一次点亮了燃橄榄油的灯芯。

布达岛，圣哈伊梅·德·恩维伊哈，
塔拉戈纳（西班牙）

布达岛灯塔
Faro de Buda

5

布达岛（Buda Island）是一座流动的岛屿，在地中海上缓慢地漂移，有时前进，有时后退，随着时间的流逝时而缩小，时而扩大。布达岛由淤泥堆积而成。十八世纪初，沉淀于埃布罗河口的泥沙经过漫长的堆积，从河口三角洲底部凸隆而出，最终占据了将近一千五百公顷的面积。到了上世纪五十年代末，大约四十户人家定居于此，种植水稻。今天，水稻仍然在这片土地上生长，但那些盛大的节日庆典、小教堂中的弥撒以及足球队全都消失了。几乎已经没有人留在这里。

在这座灯塔竖立之前，船只常常在流动的沙泥上搁浅。它们陷入灰色的烂泥中，经历漫长的垂死挣扎之后匆匆沉没。十九世纪时，流动的海岸上建造了三座金属灯塔，它们用螺旋桩锚固，照亮了埃布罗河口三角洲。一座位于北部的方加尔（El Fangar）角，一座位于南部的拉巴尼亚（La Baña）角，而最亮的一座则立于布达岛东部。

马德里建筑师卢西奥·德尔·巴耶（Lucio del Valle）设计的一座金属灯塔，由伯明翰的约翰·亨德森·波特（John Henderson Porter）工厂生产，然后从英格兰船载出发，以总计一百八十七吨的载重被运上了地中海的海岸。这是同类塔中最高的一座。1864 年

11月，一个守塔人登上三百六十五级台阶来到灯座，第一次点亮了德格朗牌（Degrand）灯的灯芯，当时燃烧的是橄榄油。在之后的将近一个世纪里，布达岛的守塔人每八个小时就要攀爬一次这么多台阶，为控制光学装置的旋转设备上发条。

布达岛灯塔建于托尔托萨（Tortosa）岬角的一端。然而，如果三角洲加速扩张，灯光很快就会远离大海。沉淀的淤泥不断向前推进，二十年之后，灯塔已经深入小岛内陆，以至于从灯塔的基座再也望不到海浪。不过到了1940年左右，海水开始迅速吞噬三角洲。水库、水电站和灌溉田地的运河向埃布罗河口倾泻出成吨的洪水。暴风雨和海水涨潮的冲刷迫使海岸往后推移，岛屿日益缩小。慢慢地，灯塔又回到了海里。

西班牙内战时期，共和国军队埋放的炸药都未能摧毁这座灯塔。然而，经历多年氧化和腐蚀，灯塔地基已经没入海中。1961年圣诞节，一场暴风雨最终将它葬送。今天，另一座灯塔在比托尔托萨岬角更远的地方闪耀着。古老的金属灯塔在距离海岸大约四公里的地方安息，并渐渐被人遗忘，照亮着不安的大海深处。

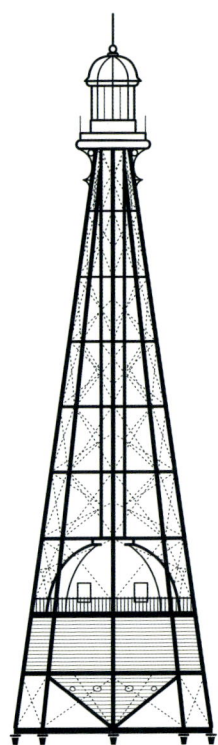

5

布达岛灯塔

地中海，欧洲

北纬 40° 43′ 07″
东经 00° 54′ 55″

工程师：卢西奥·德尔·巴耶
建造时间：1864 年
亮灯时间：1864 年
停用时间：1961 年
材质形态：圆柱形铸铁塔
塔高：50 米
焦平面高度：53 米
照明范围：20 海里

马德里理工大学保存着一个布达岛灯塔的设计模型，高约 2.5 米。该模型建造于巴塞罗那，并在 1867 年的巴黎世博会上展出，一同展示的还有另外七座西班牙灯塔的模型，包括菲尼斯特雷（Finisterre）、科洛倍多（Corrubedo）、赫拉克勒斯塔（Torre de Hércules）、帕罗斯岬角（Cabo de Palos）、西萨尔加斯（Sisargas）以及阿依雷岛（Isla del Aire）灯塔。

这是阿根廷最孤寂、最危险的灯塔,
灯光下流传着一个幽灵故事。

布兰科角灯塔
Faro de Cabo Blanco

6

91号省道是一条变幻莫测的公路,路面覆满了瓦砾和碎石,延伸至一块嶙峋巨石的边缘。从那里到德赛阿多港(Puerto Deseado)——九十公里狂风肆虐的一马平川——几乎是任何人都不可能穿越的。这里从南到北遍布着大部分半埋在地下的石块,盘踞在海岸上,仿佛一条布满鳞片的龙脊。斐迪南·麦哲伦(Fernando de Magallanes)、法兰西斯·德瑞克(Sir Francis Drake)、亨利·卡文迪许(Henry Cavendish)或查尔斯·达尔文(Charles Darwin)都曾从海上注视过这龙脊般咄咄逼人的剪影,却不敢踏上陆地。在巨石的脚下,背对着海的方向,栖息着一座小小的墓园。八个无名十字架和一座圣女雕像,对于是谁长眠在这荒芜之地的秘密保持永远的缄默。

巨石顶上有一座灯塔。从公路向上攀登一百十五级台阶可以到达灯塔的底座,再爬上九十五级台阶才能触到灯光。如果人类的目光能够穿越五百公里,从灯座所在的平台往大海东南方眺望,便可看到马尔维纳斯(Malvinas)群岛。在距离近得多的地方,如果企鹅岛(Isla Pingüino)的灯塔不是在一个世纪前就被废弃,从这里就可隐约看到灯光闪烁。如果目光可以顺着时间回溯,在背对着大海的方向,除了这座墓园,还能看到一座活跃的盐矿、一间电报办公室、一个调停纷争的法庭和一个橄榄球场。夜里,灯塔的光芒从黑暗中发掘出这些废墟，也照亮了沙滩上憩息的海狮。灯光沿着内陆方向消失于巴塔哥尼亚（Patagonia），但没有人知道那里是巴塔哥尼亚的起点还是终点。据守塔人卢卡斯·萨那瓜（Lucas Sanagua）说，这是阿根廷最孤寂、最危险的灯塔。

灯光下流传着一个幽灵故事。在五十年代，守塔人之一是一名少尉，大家都知道，他习惯用打字机。在一个不幸的日子，人们发现他倒在打字机上，疼痛难忍，呻吟不止。他的同伴跑出去求援，但在救援人员到达之前，这位病人已经不治身亡。从那时起，打字机键盘的声音打破了黑夜的寂静，无法忍受寂寞的人们能够听到打字机正在敲出警告的信息。

这座古老的灯塔即将被遗弃，但依旧受到勤勉的照料，灯光仍在闪耀。从守塔人的住所能看到大海。房子很大，宽敞得几乎能容下一切：一架煤气灶、一张乒乓球桌、一面象棋棋盘，和一台古老的雷明顿牌打字机，它的皮带已被染成了黑色。

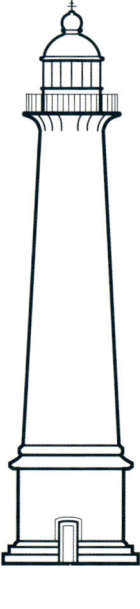

6

布兰科角灯塔

大西洋,南美洲

北纬 47°12′01″
西经 65°44′03″

建造时间:1915 年—1917 年
亮灯时间:1917 年
目前状态:使用中
材质形态:树锥形砖砌塔
塔高:26.7 米
焦平面高度:67 米
照明范围:13.9 海里
灯光特征:每 10 秒一次白光闪烁

儒勒·凡尔纳在《地心游记》中提到了布兰科角,不过这本书出版于 1864 年,当时这座灯塔还不存在。

建造整座灯塔使用了 11 万块不规则四边形砖块,与布宜诺斯艾利斯地铁和拉布拉塔主座教堂使用的砖块出自同一个工厂。还有另一座名为布兰科角的灯塔位于马略卡(Mallorca)岛,标识着帕尔马(Palma)海湾东端。

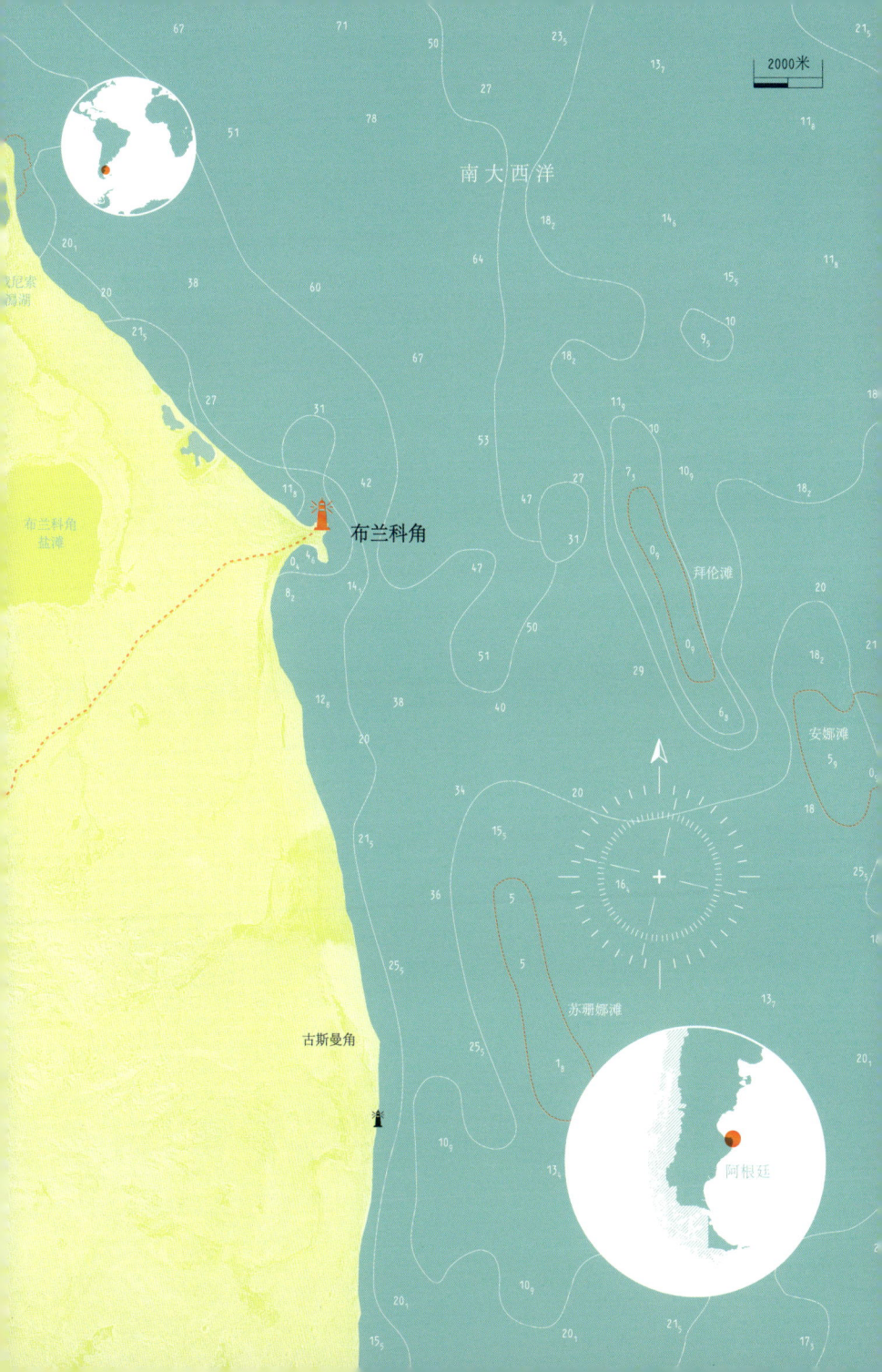

持一支火枪,

以灯塔为战壕,

自封为克利伯顿国王。

克利伯顿灯塔
Faro de Clipperton

克利伯顿堪称"热带天堂"——法国人称其为"激情岛"——却并不为人熟知。这座遗落在无垠太平洋上的岛屿弥漫着氨气的味道,狂风肆虐,沙滩上螃蟹横行,海水中鲨鱼成群。岛上那座小小的灯塔在航海信号史上无足轻重,但它曾见证的故事却并未随风飘散。保存下来的一张摄于1917年的照片证明了这一点,那是从一艘战舰的甲板上拍摄的。照片上有四个女人和七个孩子,是这座岛上最后的居民。

1906年前夕,墨西哥的一支军事小分队及其家属定居于此,宣示了主权。队长拉蒙·阿尔纳德(Ramón Arnaud)是一名年轻的士官,自命为这个偏远之地的统治者。随着墨西哥革命爆发,唯一的一艘补给船被暴动者烧毁,人们翘首以盼的物资最终在马扎特兰(Mazatlán)海岸对面的水域沉没。然而岛民们对外界发生的事情一无所知。他们被遗弃在这里,不得不听天由命,很多人患上了营养不良症和坏血病。在一年多的时间里,克利伯顿的生活在完全地与世隔绝中度过,直到1915年,一艘美国海军的轻型船舰偶然搁浅在礁石之间。美军派遣了一艘船来救援同胞,并主动提出帮助这里幸存的二十七位岛民撤离。但是阿尔纳德拒绝了:他不允许任何一个墨西哥人离开小岛,即使其中大部分人都濒临死亡或疯癫。

九月的一个上午，仿佛已经进入谵妄状态的阿尔纳德远远望见地平线上有一艘船。他大喊大叫，向岛上驻军发出警示："卡尔多纳！战斗！罗德里格斯！"在下属们的陪伴下，他匆忙驾驶一艘小艇扑向大海，其他人则在沙滩上眼睁睁地看着这艘小船在远处沉没。

岛上只剩下了女人和孩子。唯一的男性是孤僻的守塔人维克多利亚诺·阿尔瓦雷斯（Victoriano Álvarez）。他也成了疯癫的囚徒，持一支火枪，以灯塔为战壕，自封为克利伯顿国王。他建立了一个恐怖政权，把女人们变成奴隶，强迫她们满足自己的性欲。如果有人拒绝，就会被他杀害。他的统治持续了将近两年，直到阿尔纳德的遗孀阿莉西亚·洛维拉（Alicia Rovira），以及年轻的提尔萨·兰登（Tirza Randon）成功地用锤子和刀结束了这个守塔人的生命。没过多久，她们看到地平线上出现了一艘船——美国海军的"约克城号"（USS *Yorktown*）炮艇正向岛屿方向驶来。

克利伯顿被永远遗弃了。在它的灯塔脚下躺着一具面目全非的尸体，上面爬满了螃蟹。

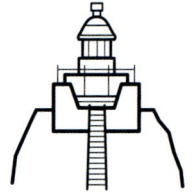

7

克利伯顿灯塔

太平洋，美洲

北纬 10° 18′ 14″
西经 109° 13′ 04″

工程师：尤金·德·米歇隆
　　　　（Eugéne de Michelon）
建造时间：1906 年
亮灯时间：1906 年
停用时间：1917 年—1935 年及 1938 年之后
材质形态：圆柱形混凝土塔
塔高：6 米
焦平面高度：12 米

在十九世纪，墨西哥和法国就克利伯顿的主权问题展开了长达二十二年的诉讼，直到意大利国王维克多·玛努埃尔三世（Víctor Manuel III）做出了有利于法国人的裁决。不过，法国人虽然建造了灯塔，却未能在岛上长久定居下来。

1978 年，雅克·库斯托（Jacques Cousteau）拍摄了《克利伯顿，被时间遗忘的岛屿》。在这部纪录片中，1917 年撤离的幸存者拉蒙·阿尔纳德·洛维拉（Ramón Arnaud Rovira）回到了他出生的地方。

"蟒蛇之岛"遍地都是蝎子和蛇,想要建造灯塔,必须先清理地面。

大克伦布雷特岛或伊拉格罗萨岛，
卡斯特利翁（西班牙）

克伦布雷特灯塔
Faro de Columbretes

8

在卡斯特利翁（Castillón）海岸对面，往东五十公里，火山喷发后残留的岩石露出水面，像爬行动物般在地中海海面上蜿蜒盘桓。这就是克伦布雷特（Columbrete）群岛，又称"蟒蛇之岛"，它扑朔迷离，蛮荒孤寂。

在建造灯塔之前，这里无人居住。只有渔民、走私贩和海盗将这些岛屿当作临时庇护所。除了与世隔绝和暴风雨肆虐，这个地方还危机四伏：遍地都是蝎子和蛇。想要建造灯塔，必须先清理地面，而负责这项工作的是被判了死刑的囚犯们，他们被许诺完成任务即赦免罪罚。然而第一批囚犯中很多人都未能从蝎子和毒蛇的咬噬中存活下来。后来者们开挖沟渠，并用石灰填充，才隔绝了那些危险的邻居。

1859年，一束灯光在伊拉格罗萨岛（Illa Grossa）上亮起，这是群岛中最大的岛屿。为了守护它的耀眼光芒，守塔人拖家带口来到这里。最初条件十分艰苦，而轮值期长达整整一年——绝对孤独的一年。只有那些对目的地别无选择的人才会来到这里。有人没能挺过这一年；还有一位马略卡岛的守塔人在得知自己的下一个目的地将是克伦布雷特之后自杀了。

但大部分的守塔人日复一日地坚持了下来。随着时间的推移，岛上的生活也日益便利。毒蛇已经被烈火、猪和母鸡赶尽杀绝，而在各个床脚放置装满水的罐子可以隔绝蝎子的侵扰。两三个家庭结伴居住在灯塔周围。在克伦布雷特，生活是忙碌的：照料灯光、修理蒸发器、清洁透镜、加装煤油、修补秋天的暴风雨留下的损伤、为机械上发条、在园中种植土豆、钓龙虾、和面做面包、捕猎兔子、观看军用飞机射击演习、喂母鸡、监测水池液面高度、在悬崖峭壁上奔跑、用线抓捕南蝎、凭吊墓园——那里长眠着一些守塔人和几位海难遇难者、给孩子们授课、抵御暴风雨、欣赏连日阴雨后开满白色花朵的岛屿，并等待着每十天或十五天到达一次的补给船。

奥地利大公路德维希·萨尔瓦托（Ludwig Salvator）曾在此跟守塔人共同生活，并研究这些岛屿。1895 年，他出版了一部广博详尽的书，描述了这个地方。他记录道："克伦布雷特居民们的生活像鹌鹑、云雀、鸫鸟和斑鸠一样快乐。每当春天和秋天到来，这些鸟儿们会在这里休憩，再继续飞向临近的大洲或更远的北方。"

8

克伦布雷特灯塔

地中海，欧洲

北纬 39° 53′ 44″
东经 00° 41′ 06″

建造时间：1855 年—1859 年
亮灯时间：1859 年
自动化时间：1986 年
目前状态：使用中
材质形态：树锥形石砌塔
塔高：20 米
焦平面高度：85 米
照明范围：21 海里
灯光特征：连续两次白光闪烁，继而一次白光闪烁，每 22 秒一组

克伦布雷特群岛是一片保护区。其中 19 公顷露出海面的岛屿构成了陆地保护区，而周围 5500 公顷的水域则是海洋保护区。

由帕特里西亚·冈萨雷斯（Patricia González）、艾娃·梅斯特雷（Eva Mestre）、哈维·德尔·塞涅尔（Xavi del Señor）和费尔南多·拉米亚（Fernando Ramia）共同执导的《艾拉特，克伦布雷特记忆》是一部出色的纪录片，讲述了群岛上居民们的生活。

1755 年的火灾后,
从埃迪斯通灯塔守塔人的胃里
取出了铅块。

埃迪斯通灯塔
Faro de Eddystone

在苏格兰国家博物馆的馆藏文物中,有一件深色、平坦、椭圆形、重约两百克的物品,旁边的标注写着:"1755年,火灾后从埃迪斯通灯塔守塔人胃里取出的铅块。"

12月2日夜里,鲁德亚德(Rudyard)灯塔的灯座燃烧起来。九十四岁却仍行动自如的守塔人亨利·霍尔(Henry Hall)往灯座上部泼水,试图浇灭火焰。然而,烈火熊熊,铅制的灯顶开始熔化,一块熔断的金属掉进了他的嘴巴。尽管如此,亨利·霍尔继续跟同伴们一起战斗,试图控制火势。最终,筋疲力尽的守塔人在附近的一块岩石下蔽身,直到八个小时之后,一艘船将他们接回了陆地。

亨利·霍尔又活了十二天。负责对其尸体进行解剖的外科医生爱德华·斯普莱(Edward Spry)向皇家学会递交了一份报告,讲述了发生的事情。面对一些人的质疑,斯普莱医生整个余生都在孜孜不倦地试图重树自己的威望。他反复用狗和鸟类做实验,往它们的嗓子里灌入熔化的铅,以证明它们有可能继续存活。

鲁德亚德灯塔毁于一旦。但这并不是埃迪斯通岩石上的第一座灯塔,也不是最后一座。早在五十七年前,在这个毫无遮挡的位置曾经竖立起一座温斯坦利(Winstanley)灯塔,这是全世界第一座建立在开放海域的灯塔。

亨利·温斯坦利（Henry Winstanley）是一位古怪的商人，热衷于建筑、液压装置和自动装置。他的几艘船陆续在这块礁石处失事，于是他在这里建造了一座灯塔。然而这个建筑过于精致，更适合做玩偶屋而不是承受海边的严酷天气。在英吉利海峡的水域中组装这个浮夸的玩具时，温斯坦利被一艘船俘虏，并作为囚犯带到了法国。国王路易十四得知了这一消息，下令立刻将他释放："法国是在跟英国打仗，而不是跟人类的进步作对。"

温斯坦利回到了埃迪斯通。虽然第一座灯塔被一场暴风雨摧毁，但他成功地建造了第二座更加美丽的灯塔，并一直屹立到1703年。他坚定地相信第二座建筑的牢固程度，甚至宣称自己打算在"前所未有的、最猛烈的暴风雨"中待在灯塔内部。不知是命运的安排，还是鲁莽的恶果，11月26日，温斯坦利恰巧在埃迪斯通。那天夜里，一场被称为"大风暴"的飓风把英格兰海岸夷为平地，灯塔和里面所有的人都被卷进了海底。

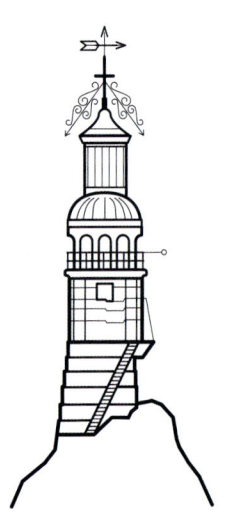
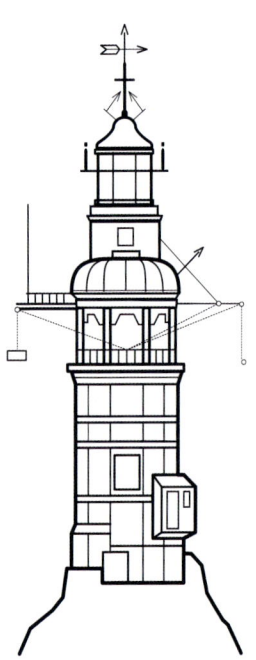

9
埃迪斯通灯塔

英吉利海峡，大西洋，欧洲

北纬 50° 10′ 48″
西经 04° 15′ 54″

温斯坦利灯塔 1 号
工程师：亨利·温斯坦利
建造时间：1696 年
亮灯时间：1698 年
停用时间：1699 年
塔高：18 米
材质形态：八角形木质塔

温斯坦利灯塔 2 号
工程师：亨利·温斯坦利
建造时间：1699 年
亮灯时间：1699 年
停用时间：1703 年
塔高：25 米
材质形态：十二面体木质塔

在开放海域竖立起的第一座灯塔建造于埃迪斯通礁屿的礁石之上，距离陆地约 14 公里，距离普利茅茨港口约 19 公里。

在这座灯塔运行期间，没有船只失事的报告。在它消失仅两天之后，满载烟草的"温切尔西号"（Winchelsea）触礁沉没。

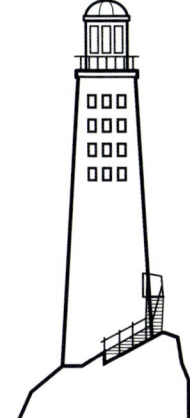
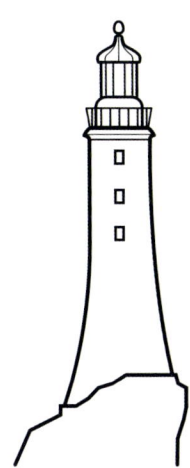

9

鲁德亚德灯塔

工程师：约翰·鲁德亚德（John Rudyard）
建造时间：1708 年
亮灯时间：1708 年
停用时间：1755 年
塔高：21 米
材质形态：圆锥形砖木混凝土塔

约翰·拉维特（John Lovett）船长委托鲁德亚德建造了这座灯塔。作为承租人，船长向得到这个灯光指引的船只收取过路费，每一吨载重需支付一便士。

斯密顿灯塔

工程师：约翰·斯密顿（John Smeaton）
建造时间：1756 年
亮灯时间：1759 年
停用时间：1877 年
塔高：22 米
材质形态：锥形圆柱花岗岩塔

这座灯塔标志着灯塔建筑在结构设计方面取得的巨大进步。后来此灯塔被拆卸并复建于普利茅茨，目前是纪念工程师约翰·斯密顿的一座著名纪念碑。

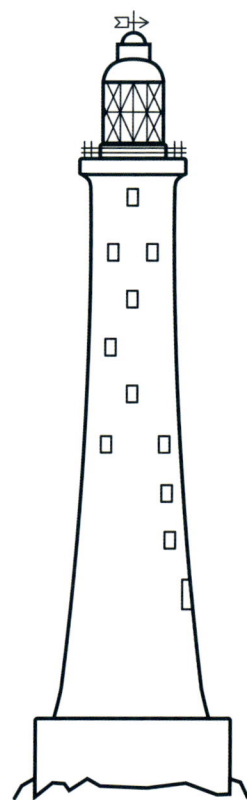

9

道格拉斯灯塔

工程师：詹姆士·道格拉斯（James Douglass）
建造时间：1879年
亮灯时间：1882年
自动化时间：1982年
目前状态：使用中
材质形态：锥形圆柱花岗岩塔
塔高：49米
焦平面高度：41米
照明范围：22海里
灯光特征：每10秒两次白光闪烁

道格拉斯灯塔就是目前的埃迪斯通灯塔，仍在使用中，屹立在已被拆除的斯密顿灯塔地基旁。

1980年，在灯座上部建造了一个直升机停机坪，方便维护人员进出。从1999年起，该灯塔改用太阳能提供能源。

"那天没有风,

大海平静无波,

他们本该在八点左右到达这里。"

埃尔德雷德岩,林恩运河,海恩斯自治市镇,
阿拉斯加(美国)

埃尔德雷德岩灯塔
Faro de Eldred Rock

10

"克拉拉·内华达号"(*Clara Nevada*)在暴风雨中穿越林恩运河(Lynn Canal)时,正值阿拉斯加淘金热方兴未艾。它满载乘客和800磅贵金属,货舱中还暗藏着非法货物,却在距离目的地只有三十英里的地方撞上了一块岩石,突然起火。船上偷运的炸药爆炸,燃起熊熊大火。

官方报告没有幸存者,但在附近发现了一艘救生艇,因此有人怀疑船长和一些船员逃过了此劫。在接下来的一个世纪中,人们在这片区域开展了无数次潜水探索,然而在船只的残骸中没有找到哪怕一粒金砂。

这次海难究竟是意外事故还是人为破坏,已经不得而知。但可以肯定的是,这一事件提供了充分的理由,使美国国会决定在埃尔德雷德岩建造一座灯塔。这座冰冷的礁岛曾是船只的坟墓。

十年之后,在一次猛烈的暴风雨中,一艘幽灵般的船出现在埃尔德雷德岩最北端,漂浮在水面上。有那么几个瞬间,灯塔的光照亮了"克拉拉·内华达号"的船体。它的残骸像一具亡灵般,因暴风雨而短暂浮现。

灯塔的守塔人尼尔斯·皮特·亚当森(Nils Peter Adamson)自噩梦中醒来。他走向窗口,高声呼唤着两个助手的名字。然而,

在这个冰冷的清晨，回应他的只有回声，接着是沉寂。

在几天之前，即 1910 年 2 月 26 日，埃尔德雷德岩的灯塔助理约翰·居里（John Currie）和约翰·希兰德尔（John Silander）驾船航行了 13 公里，来到谢尔曼角（Point Sherman）灯塔寻找补给物资。天亮时，他们在轻雪中启程返回。亚当森在灯塔中等待着他们，当他发现同伴们迟迟不归，便预感发生了不幸，立刻申请救援。多艘船只在这个区域参与搜寻失踪者，两天以后，他们驾驶的小船被找到，人却踪迹全无。想到助手们可能已经遇难，痛苦万分的亚当森独自在林恩运河冰冷的水中又寻找了一个月。

"我无法相信他们发生了事故。那天没有风，大海平静无波，他们本该在八点左右到达这里。"一年之后，他辞去了守塔人的工作。

10

埃尔德雷德岩灯塔

林恩运河，太平洋，北美洲

北纬 58°58′15″
西经 135°13′13″

建造时间：1905 年
亮灯时间：1906 年
自动化时间：1973 年
目前状态：使用中
材质形态：八角形木质塔
塔高：17 米
焦平面高度：28 米
照明范围：8 海里
原始透镜：菲涅尔 4 级
灯光特征：每 6 秒一次白光闪烁

自然学家马库斯·贝克（Marcus Baker）以妻子莎拉·埃尔德雷德（Sarah Eldred）的娘家姓氏命名了这座礁岛。

虽然已有所损毁，但这是阿拉斯加唯一一座仍保持着原始结构的灯塔。为了对其进行维护和修缮，在谢尔顿（Sheldon）博物馆的协助下，成立了埃尔德雷德岩灯塔保护协会。

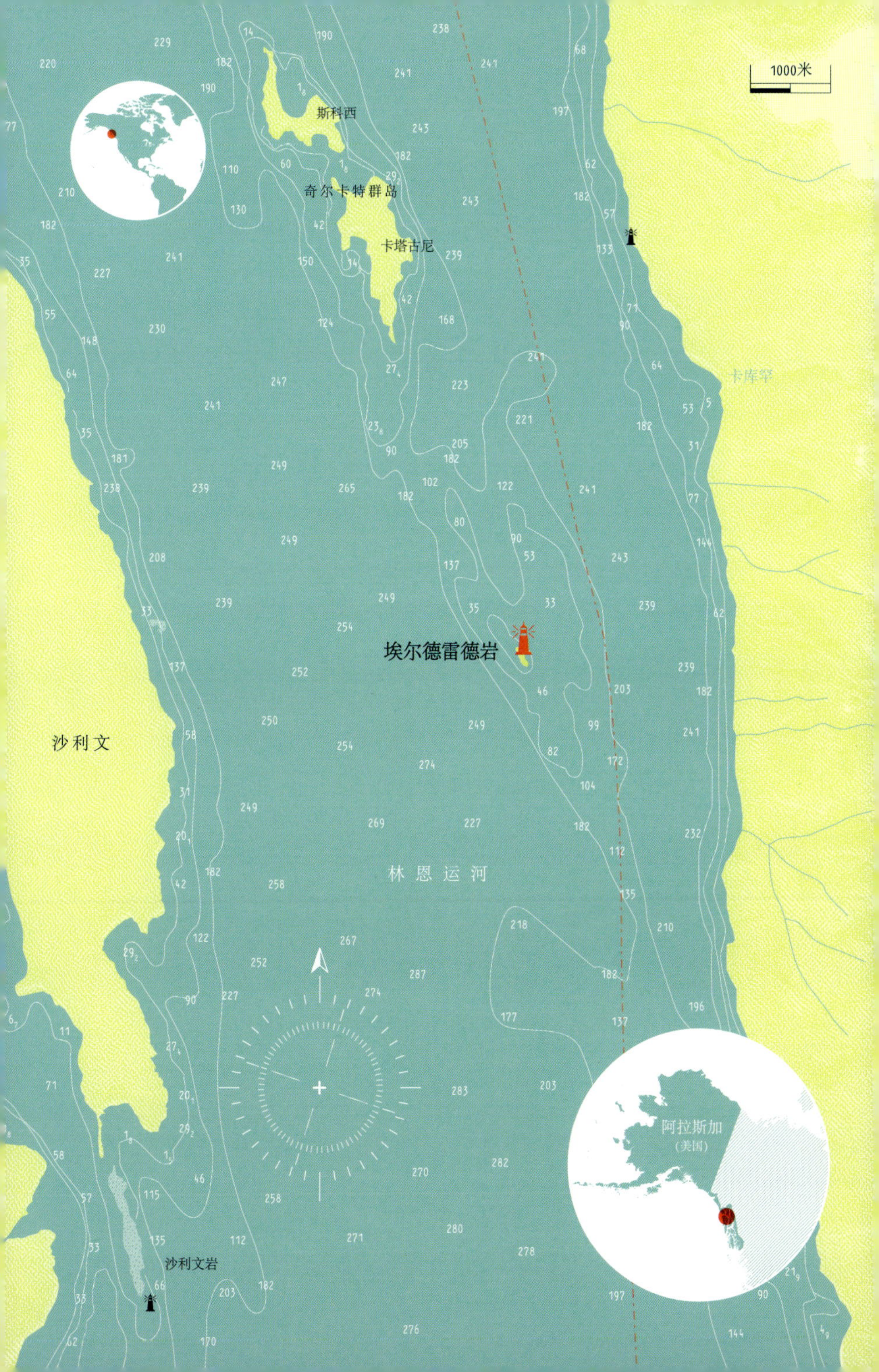

斯科西

奇尔卡特群岛

卡塔古尼

卡库罕

埃尔德雷德岩

沙利文

林恩运河

沙利文岩

阿拉斯加
（美国）

1000米

比群岛更远的只有时间。

伊万格里斯达礁岛，纳塔莱斯，
乌尔迪玛·埃斯佩兰萨（智利）

伊万格里斯达灯塔
Faro de Evangelistas

11

1892 年，苏格兰工程师乔治·斯莱特（George Slight）从爱丁堡出发，驶向地球的另一端。他全身心地思索着一项艰巨的挑战：受智利政府的委托，他要在麦哲伦海峡的西侧入口建造一座灯塔。航行至太平洋沿岸时，他们到达了被选中建造灯塔的位置，那是一片陡峭的礁岛。

"我从未想象过如此粗野、蛮荒、苍凉的景象，深色的岩石矗立在惊涛骇浪之中。这些嶙峋巨石实在令人心惊胆战。借着地平线处的微光，可以看到巨浪猛地扑向礁岛西侧，拍碎在岸边。这是一幅任何人都难以想象的场景。"

斯莱特从此再也没有离开智利。他在这个国家指挥建造了 70 多座灯塔，第一个点亮的是伊万格里斯达灯塔，那是在他看到这惊悚一幕的三年之后。

1913 年春天。几个星期的等待显得尤其漫长。智利海军的巡逻艇"叶尔乔号"（La Yelcho）正停泊在伊万格里斯达附近一处安全的地方，等着天气好转，以便向灯塔供应日常用品和物资。在延误了四十多天之后，"叶尔乔号"终于成功到达礁岛。此时，伊万格里斯达已经连续四个月不通音信，食物所剩无几，守塔人被迫打捞海藻为食。在返程时，"叶尔乔号"还载着守塔人阿尔弗雷多·西亚尔德（Alfredo Sillard）的尸体，与世隔绝的艰苦条件导致他的病情恶化，不治而亡。为了安葬这位守塔人，船舰来到附近被称为"四十日"(cuarenta días)的港湾。这里曾是一个人类难以生存的孤寂之所,但随着时间的推移,这个临时决定的墓地渐渐成为礼拜场所。在接下来的几年中,每当"叶尔乔号"不得不保持锚泊,等待气候条件允许才能到达灯塔,水手们就在这位守塔人的墓前供奉蜡烛,希望得到他灵魂的保佑,让暴风雨减弱。

有几个守塔人信誓旦旦地说,他们感觉到西亚尔德的幽灵在灯塔的各个房间里游荡。

不少智利作家从这个故事中汲取了灵感,比如罗兰多·卡德纳斯(Rolando Cárdenas)。他的诗作《伊万格里斯达灯塔的幽灵》是这样开篇的:

远离海岸的灯光
在这个星球最遥远的深处等待
仿若海中升起的四个幽灵。

比群岛更远的只有时间。

时间变成了空洞绝望的地平线
在肆虐的狂风与交响的雷鸣中
随悲伤深邃的海水而逝,永无止息。

无论西亚尔德的幽灵是否存在,伊万格里斯达灯塔至今仍有人居住。

11

伊万格里斯达灯塔

太平洋，南美洲

南纬 52° 23′ 10″
西经 75° 05′ 45″

工程师：乔治·斯莱特（George Slight）
建造时间：1895 年
亮灯时间：1896 年
目前状态：使用中
塔高：13 米
焦平面高度：58 米
照明范围：30 海里
灯光特征：每 10 秒一次白光闪烁

1520 年 11 月 28 日，三艘由斐迪南·麦哲伦指挥的船舰在深入无垠的大洋后隐约看到一些陡峭的礁岛，这是欧洲人第一次在南太平洋航行。在 1618 年由加西亚·诺达尔（García Nodal）绘制的地图上，这些礁岛以伊万格里斯达的名字出现。

2019 年 8 月，智利军队的通信兵队长丹妮拉·奥尔蒂斯（Daniela Ortiz）成为伊万格里斯达第一位女性守塔人。

大海暴怒翻腾。

我从未见过这样的暴风雨。

巨浪有灯塔那么高。

艾琳墨尔，弗兰南群岛，外赫布里底群岛，苏格兰（英国）

弗兰南群岛灯塔
Faro de Islas Flannan

12

七猎人群岛①（Seven Hunters）距外赫布里底群岛（Outer Hebrides）三十公里，无人居住。在其中最大的岛屿艾琳墨尔（Eilean Mór）上，有一座为纪念圣弗兰南（San Flannan）而建立的小教堂。圣弗兰南是七世纪的一位修道院长，被一阵风偶然吹到了这片凶多吉少的土地上。这里流传着各种故事，往来这个区域的水手们会在此做出种种不寻常的举动，比如在登陆岛屿之前摘掉帽子，或在登上顶峰时向着太阳的方向转身。1889年，这里竖起一座孤独的灯塔。

岛上发生了一些奇怪的事情。最初的迹象是蒸汽轮船"阿克托尔号"（Archtor）在驶往利斯港（Leith）的途中发现的。虽然当时气候条件非常恶劣，但弗兰南群岛灯塔的灯光却没有点亮。十一天后，也就是1900年12月26日，"金星号"（Hesperus）成功到达了艾琳墨尔。在岛上守塔的有詹姆士·杜卡特（James Ducat）、托马斯·马歇尔（Thomas Marshall）和唐纳德·麦克阿瑟（Donald McArthur）。这艘船给他们送来了补给物资和一个接替轮班的守塔人。然而，当"金星号"靠近码头时，平台上并没

---

① 弗兰南群岛的别称。

有旗帜飘扬，储存物资的箱子也没有放置在惯常的位置，无人出来迎接。船长哈维从船上发射焰火，鸣响汽笛，但没有任何回应。前来换岗的守塔人约瑟夫·摩尔（Joseph Moore）踏上了岛屿。他穿过浓雾，爬上山坡，到达灯塔，发现大门用钥匙上了锁。他强行打开，终于进到室内，看到床铺凌乱、盘子里还剩有食物，一把椅子被翻倒在地。墙上的挂钟已经停摆，时针指着九点半。没有人的踪迹。

为了找到守塔人，"金星号"的海员们寻遍了岛屿的所有角落，但找到的只有令人困惑的线索：灯很干净，而且装满了燃料；只有麦克阿瑟的大衣还挂在他的衣架上；另一个码头，也就是西侧码头，似乎被最近的一场风暴破坏了：起重机上绑着一个破碎的盒子，铁栏杆已经折断，一块沉重的岩石倒塌在码头上。尽管如此，登记簿上最后一条记录写于12月15日早上九点，说明一切正常。

三十年后，《奇闻真事》（*Strange True Stories*）杂志确认，马歇尔在日记中作了如下记录："12月12日：西北方向大风。大海暴怒翻腾。我从未见过这样的暴风雨。巨浪有灯塔那么高。杜卡特变得暴躁。……风暴持续猛烈。我们无法离开。……杜卡特保持沉默。麦克阿瑟哭泣。12月13日：整夜暴雨。风向转北。杜卡特继续沉默。麦克阿瑟祷告。……中午的时候太阳是灰色的。杜卡特、麦克阿瑟和我一起祈祷。12月15日：风暴停止了，大海平静下来。上帝高于一切。"

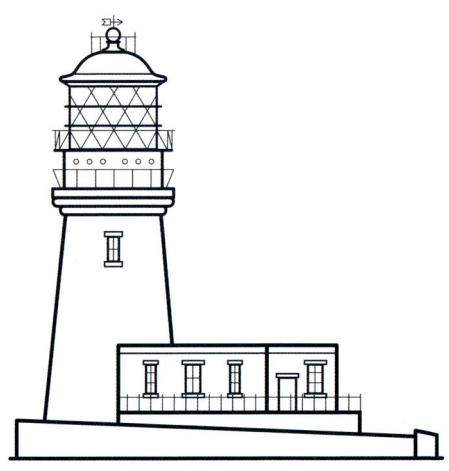

12

弗兰南群岛灯塔

大西洋，欧洲

北纬 58° 17' 18"
西经 07° 35' 16"

工程师：阿兰·史蒂芬森（Alan Stevenson）
建造时间：1895 年—1899 年
亮灯时间：1899 年
自动化时间：1971 年
目前状态：使用中
材质形态：圆柱形石砌塔
塔高：23 米
焦平面高度：101 米
照明范围：20 海里
目前透镜：菲涅尔 3 级
灯光特征：每 30 秒两次白光闪烁

弗兰南群岛上守塔人的神秘失踪引起了无数猜测，甚至有人认为是超自然现象。很多文学、音乐和电影等虚构作品都从中得到灵感。创世纪（Genesis）摇滚乐队在歌曲《弗兰南岛神秘事件》中讲述了这个故事。克里斯托弗·尼霍姆（Kristoffer Nyholm）于 2018 年执导的心理悬疑电影《消失》也将这个事件作为情节主线。虽然影片的确是在四个苏格兰灯塔内拍摄的，但艾琳墨尔的灯塔并不在列。

维吉尼亚·伍尔夫却没有找到
任何可以指引她穿越痛苦的灯光。

戈德雷维岛，坎伯恩，
康沃尔郡（英国）

戈德雷维灯塔
Faro de Godrevy

13

维吉尼亚·伍尔夫以一种奇妙的流畅写下了《到灯塔去》，仿佛文字在不停喷涌。书中几乎没有任何情节，只讲述了一个家庭不断地推迟前往一座灯塔的旅行。这部作品被《时代》杂志认为是二十世纪最优秀的英文小说之一，灵感来自于作者自身的经历。从小，维吉尼亚就跟随家人在康沃尔郡海岸的一栋房子里度过夏天。散步时，她能够从岸上眺望高耸于圣艾夫斯（St. Ives）海湾陡峭礁岛上的戈德雷维灯塔。那些日子在很多年后依然深深刻在她的记忆里，并以某种方式投射在她的作品中，虽然这部小说描述的地点与此地相距甚远。

"要下雨了，"她提醒父亲，"你们不能去灯塔了。"那时候，灯塔是一座雾气弥漫的银色巨塔，每当夜幕降临，一只黄色的眼睛突然睁开，不停地眨动。

遥遥无期的灯塔之行不只发生在虚构小说里。很多守塔人都遭遇过补给船只或换岗人员的延误。1925年底，当维吉尼亚·伍尔夫正在伦敦全情写作时，戈德雷维灯塔内只剩下守塔助理W.J.刘易斯（W.J.Lewis）孤身一人；他的同伴因为得了肺炎而撤离到陆地去了。

在漫长的八天里，刘易斯在戈德雷维完全与世隔绝，照料着灯光和雾钟，使其从不间断，同时等待着一场持续的暴风雨减弱，等另一位守塔人能够乘船抵达，接替他的同伴。如果说伍尔夫写了一部几乎没有对话的小说，刘易斯则在日记中写下了与人交谈的渴望："在五十四个小时的连续守护之后，我不得不睡上几个小时。短暂的睡眠使我恢复了良好的状态，可以无所畏惧地面对接下来的黑夜。不过，我已经开始感觉到缺少同伴所带来的影响。我需要跟某个人交谈。我至今无法相信，整整一个星期自己一个字也没说，一个词都没唱，哪怕是自言自语也没有。"

这两个人各自隔绝在自己的灯塔中，承受着孤独的啃噬，通过写作来驱赶各自的魔鬼。刘易斯出版了一本书，题为《无休止的守夜》，书中倾诉了一些痛苦的经历。维吉尼亚·伍尔夫却没有找到任何可以指引她穿越痛苦的灯光，这种痛苦在某种程度上是由于她缺少与人沟通的能力。人们在乌斯河（Río Ouse）河底发现了她的尸体，大衣口袋里装满了石头。

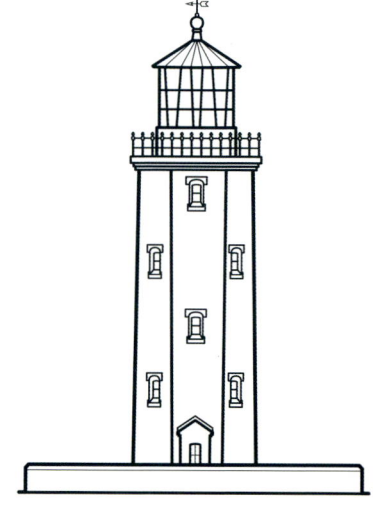

13

戈德雷维灯塔

凯尔特海（Celtic Sea），大西洋，欧洲

北纬 50° 14′ 33″
西经 05° 24′ 01″

建造时间：1859 年
亮灯时间：1859 年
自动化时间：2012 年
目前状态：使用中
材质形态：石块与灰泥塔
塔高：26 米
焦平面高度：37 米
照明范围：8 海里
目前透镜：菲涅尔 2 级
灯光特征：每 10 秒一次红、白灯光交替闪烁

1892 年 9 月 12 日，十岁的伍尔夫参观了戈德雷维灯塔，并在访客登记簿上签下了自己的名字。一百二十年后，这本册子在宝龙拍卖行的一次拍卖会上以超过一万英镑的价格售出。

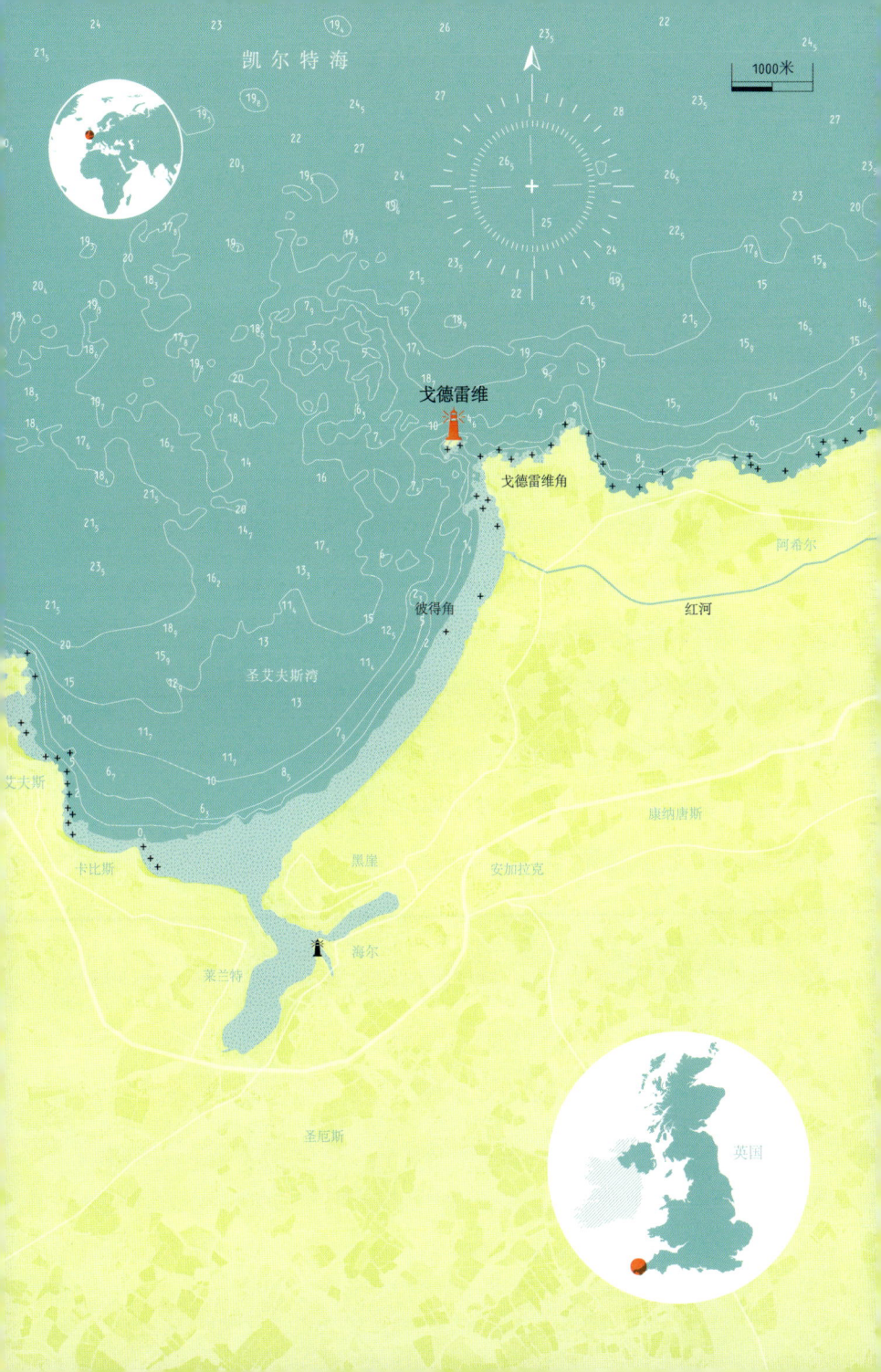

也许这次失踪是因为
百慕大这个三角形顶点受到了诅咒。

大以撒礁灯塔
Faro de Great Isaac Cay

14

百慕大三角是一个定义模糊的地方。这个概念如此含混不清，甚至可能只是一种想象。有些人相信它的存在，并在大西洋表面划出一片巨大的地理位置，边角远及百慕大群岛、波多黎各和迈阿密。一些神秘的失踪被归因于这个区域，还有人信誓旦旦地说，有几十架飞机和船只在那里像水汽一样蒸发了。

在比米尼（Bimini）群岛的东北方向，漂浮着一块陡峭的珊瑚礁。这个荒芜的小岛完全被海鸟粪覆盖，礁石顶上矗立着一座巍峨的铸铁灯塔。据当地人说，这里经常有怪事发生。船只在此沉没，也许是因为不可解释的原因，但也许只是因为不同的水体在礁石周围汇聚：来自大巴哈马浅滩、佛罗里达海峡以及普罗维登斯（Providence）西北运河的水流，都虎视眈眈，仿佛一群水下的掠食者。

灯塔位于"魔鬼三角"最西端附近，这里不可避免地流传着一些鬼故事，其中最广为人知的是"灰夫人"的传说：在月光下，能听到一种不同寻常的声音。据说，十九世纪末，一艘船在大以撒礁附近失事，所有乘员都因此殒命，只有一个婴儿幸免于难。从那一刻开始，每当月圆之夜，岛上便回荡着婴儿母亲痛苦的哀叹。

在珊瑚间的黑暗中，除了可疑的魅影和徘徊的幽灵，还发生过一桩真实的悬疑事件。1969年8月4日，大以撒礁守塔人团队集体失踪了，没有留下任何线索。当人们觉察到灯光的异常，而且通过无线电反复呼叫却没有得到任何回应时，一组救援人员从比米尼群岛出发来到灯塔。他们发现，所有的房间都收拾得整整齐齐，用品、衣物和食品都在相应的位置。然而，灯塔已经空无一人，守塔人再也没有被找到。

也许这桩谜案跟一件贩毒和武器走私的罪行有关；也许8月2日和3日的飓风"安娜"经过时席卷了岛屿，把守塔人也刮走了；也许这次失踪是外星人实施的绑架，是超自然现象，是因为百慕大这个三角形顶点受到了诅咒。

无论谜团有没有得到澄清，从此再也没有人去守卫这座灯塔。它继续矗立在这块礁石上，仿佛幽灵船的船桅般影影绰绰。而在它旁边，被遗弃的守塔人住所在慢慢倒塌。

大以撒礁灯塔

佛罗里达海峡，
大西洋，美洲

北纬 26° 02' 41"
西经 79° 05' 22"

建造时间：1852 年
亮灯时间：1859 年
自动化时间：1969 年
停用时间：2000 年—2009 年
材质形态：圆柱形铸铁塔
塔高：46 米
焦平面高度：54 米
照明范围：23 海里
灯光特征：每 15 秒一次白光闪烁

在大以撒礁亮起灯光的七年前，这座灯塔曾在 1851 年的伦敦世博会上展出。从比米尼群岛可以坐船前往大以撒礁，不过灯塔已经关闭，无法入内。

在爱伦·坡辞世四十年之后,
挪威的小岛上竖起了一座灯塔,
与作家的想象如出一辙。

格里普，克里斯蒂安松，诺德摩尔，莫尔和罗姆斯达尔（挪威）

格里普灯塔
Faro de Grip

15

爱伦·坡的最后一部作品创作于离世前数月。虽然这个未完成的故事没有标题，但在文学史上被称为《灯塔》。该作品以日记的形式撰写，只有三篇留存下来。开头是这样的：1796年1月1日。今天是我在灯塔的第一天，按照与德格兰特的约定，我的日记就此开篇。我会尽量定期记录，不过，像我这样离群索居的一个人，谁知道会发生什么事呢？也许会生病，或者更糟糕……反正到现在为止一切都好！我们的快帆船倒是差点漂走，不过，既然我此刻已安然无恙，何必再想起这件事呢？一想到自己在整个生命中第一次处于绝对孤独的状态，我的精神开始重新振作起来……

这段情节发生在挪威一个偏远的岛屿。当然，这座灯塔及其地理位置并不对应现实中的任何实际场景。然而，在爱伦·坡辞世四十年之后，挪威的一座小岛上却真的竖起了一座灯塔，与这位作家的想象如出一辙。

一系列弹丸石屿组成的群岛，如星座中的星辰般散落在拍打着克里斯蒂安松海岸的潮水中。在其中一座今天已无人居住的岛上，依然可以穿行于渔村五颜六色的屋舍之间，去参观一栋十五世纪的木质教堂。从那里，如果把目光转向北方，就可以依稀辨认出——在一块光秃秃的礁石上———座巍峨灯塔的轮廓。那是挪威第二高的灯塔。

"需要钢铁般的意志才能胜任这份工作。"招募格里普守塔人的广告如是提醒道。踏上这座岛屿本身就已足够冒险，而使用起重机和一艘小艇登陆岛屿的危险操作，足以被视为与杂耍技媲美的英勇行为。进行人员和物资交换的露天码头则被亲昵地称为"马戏场"。然而，更为艰难的是灯塔中常年幽闭的生活。气候十分恶劣，岛上无法建起任何住宅，因此守塔人大部分时间都是在狭小的塔内孤独度过的。沉默的人与柴油发动机的痛苦咆哮为伴，这是一种永不停歇的振动，在每一个房间的任何角落都能感受到。

斯维恩·加尔勒·维肯（Svin Jarle Viken）在格里普驻守了五年，几乎夜夜难以入眠，饱受噩梦之苦。在梦中，维肯被拴在起重机上飞越大海。他一次次离开礁石，却又一次次返回着陆。这种爱伦·坡故事独有的惊悚不安，在守塔人卸任并离开孤岛灯塔之后的很长时间内仍如影随形。

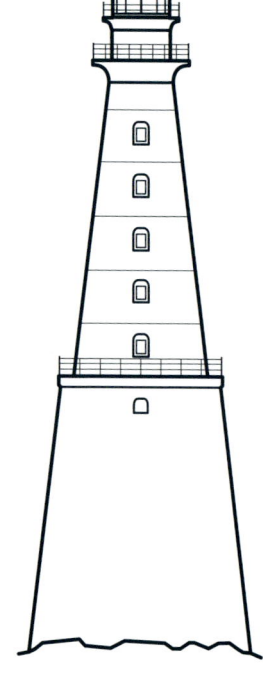

格里普灯塔

挪威海,大西洋,欧洲

北纬 63° 14′ 01″
东经 07° 36′ 33″

建造时间:1885 年—1888 年
亮灯时间:1888 年
自动化时间:1977 年
目前状态:使用中
材质形态:圆柱锥形铸铁塔
塔高:44 米
焦平面高度:47 米
照明范围:19 海里
灯光特征:每 8 秒一组白、红、绿光交替,间隔两次熄灭

据说,曾经有一个女人来到灯塔。因为她,两个守塔人之间起了冲突。关系一度紧张到剑拔弩张的程度:他们在岛上追打,持刀威胁,还在灯塔中挖掘堑壕。失利的那位守塔人被关在门外,不得不在恶劣天气中苦捱数日,直到格里普村的渔民们赶来相救。最后,当局决定替换掉两名守塔人,并让那个女人也返回了陆地。

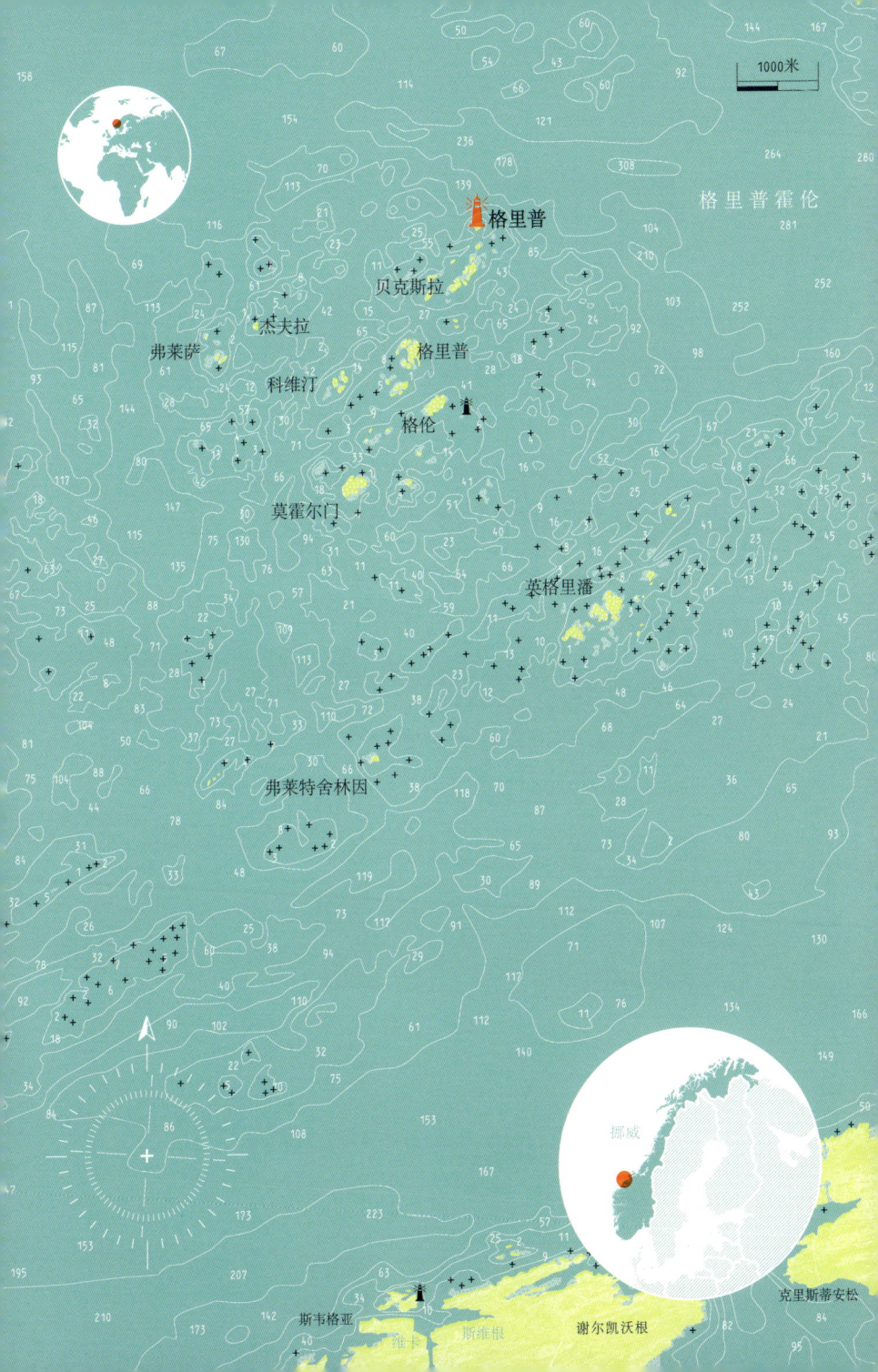

《墨索里尼的灯塔》出版时,
在意大利没有人知道这本书讲的是什么。

瓜达富伊灯塔
Faro de Guardafui

16

2015年，当《墨索里尼的灯塔》出版时，在意大利没有人知道这本书讲的是什么。此前两年，该书的作者阿尔伯特·阿尔伯奇（Alberto Alpozzi）也同样对灯塔知之甚少。作为一名专业在危险地区进行报道的摄影师，为了拍摄一部关于索马里海盗的历史纪录片，他曾去过亚丁湾。在那次冒险中，他并没有找到海盗，然而在直升机飞越索马里东北端时，却拍到了一座石塔的照片。这座塔引起了他的强烈关注。

瓜达富伊角（Cape Guardafui）的形状被称为"非洲之角"。在古典时代，这里名为"香料海岬"，而原住民则称之为"眼泪之角"。因为此地危险的水流和突如其来的浓雾，从前的意大利水手们将之命名为"瓜达富伊"，意为"看一眼就逃走"。当地的犯罪团伙常利用变化无常的海洋天气抢掠往来的船只：他们在悬崖峭壁上点燃篝火，使不幸的航行者们误以为是灯塔，便把船靠向海岸。

在殖民地争端之后，这里成为意属索马里兰的一部分。自从1869年苏伊士运河开通以来，点亮这个蛮荒海岸的呼声日益高涨。1924年，在瓜达富伊角矗立起一座金属塔，被命名为弗朗西斯科·克里斯皮（Francesco Crispi）灯塔，当时的欧洲媒体认为它"为意大利文明进入一条重要航线打前站"。

然而，索马里发生了反抗意大利统治的暴动，灯塔受到了来自叛乱者的袭击，被严重损毁，守卫灯塔的军队也伤亡惨重。这些事件之后，意大利人建造了一座石砌的灯塔，并以水泥圆环加固。这一结构坚固得多，但塔上最引人注目的是一把巨大的石斧，作为独一无二的装饰，象征着那个时期统治意大利的法西斯帝国主义。

索马里不是一个大众的度假目的地。瓜达富伊角几乎是不可到达的。变幻难测的沙漠、险恶诡谲的大海，以及该地区紧张的政治局势，都使它与世隔绝。很可能在最近的70年中，几乎没有哪个意大利人曾触摸过这座灯塔上发红的石头。虽然它的废墟会在时间的流逝中幸存，但如果没有阿尔伯奇的照片，也许直到今天都不会出现在我们的视线中。

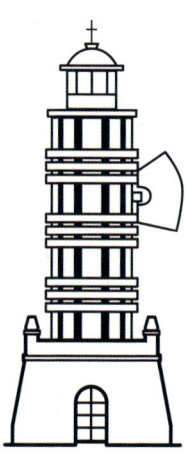

16

瓜达富伊灯塔

瓜达富伊海峡，印度洋，非洲

建造时间：1924 年及 1930 年
亮灯时间：1924 年及 1930 年
停用时间：1957 年
材质形态：圆柱形石砌塔
塔高：19 米
焦平面高度：263 米

最后一任守塔人，外号"瓜达富伊王子"，在这个岗位上一直工作到1957年。他名叫安东尼奥·塞尔瓦吉（Antonio Selvaggi），1941 年曾被英国人囚禁，后来在摩加迪沙（Mogadiscio）当了一名理发师。在一次采访中他表示："我们与世隔绝，只有三头骆驼作为交通工具。"在距离最近的村庄阿鲁拉（Alula）可以收取邮件，但这意味着要在这种牲畜背上骑行两天。

北纬 11° 49′ 00″
东经 51° 17′ 00″

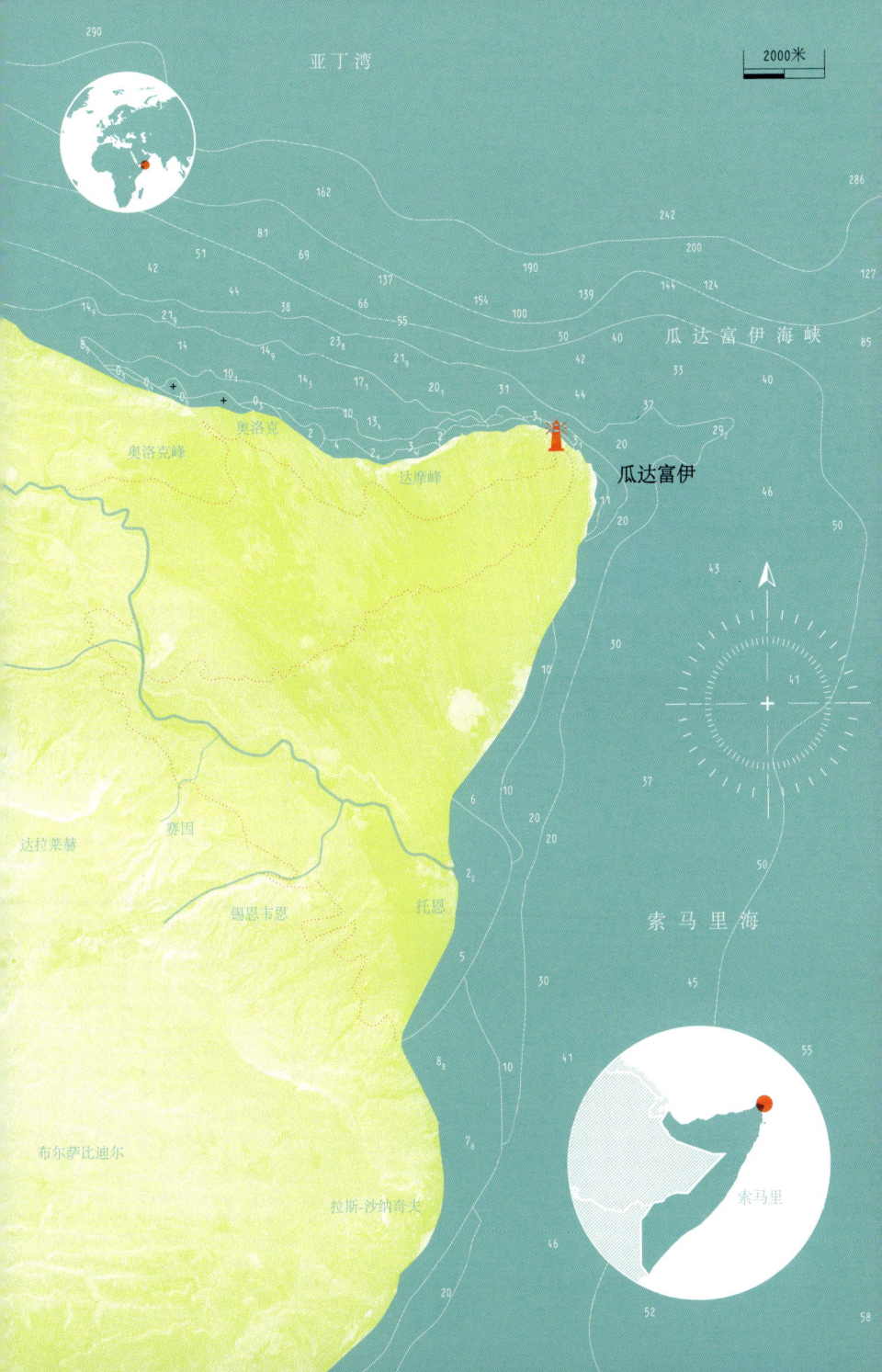

捐赠者只提出了一个条件：
工程必须在他去世后七年内完成。

加泽克岩、韦桑岛、菲尼斯泰尔省、
布列塔尼（法国）

朱芒灯塔
Faro de Jument

17

虽然暴风雨在咆哮，但西奥·马尔戈恩（Théo Malgorn）在亮着灯光的房间里听到了螺旋桨发动机的声音。出于好奇，他来到灯塔基座，打开门，隐约看到一架直升机正从伊鲁瓦兹（Iroise）海滔天骇浪的水面上飞过。摄影师让·吉夏尔（Jean Guichard）从空中看到大西洋的海浪是如何坚持不懈地拍打着朱芒灯塔。出于惊人的直觉，他在最精准的瞬间按下了照相机的快门：守塔人站在门廊下，而一排巨浪正要吞噬灯塔。

那一瞬间令观者动魄惊心。看到这幅画面，无法从中得知那位守塔人最终是否化险为夷。也许正因为充满了不确定性，这张照片获得了 1990 年的"世界新闻图片"奖。守塔人的故事也有了一个幸福的结局：虽然差点被海浪卷走，但他及时关上了门，逃到了安全的地方。他所受到的伤害仅限于吓了一跳以及湿了双脚。

如果说这排巨浪使朱芒灯塔闻名于世，那么在此之前很久，另一次惊涛骇浪则促成了灯塔的建设。弗鲁夫通道（Passage du Fromveur）动荡不安的水域曾见证了无数海难，其中不乏著名的悲剧事件，比如英国蒸汽船"德拉蒙德城堡号"（SS *Drummond Castle*）的沉没。巴黎地理学会会员查尔斯·尤金·波特（Charles Eugéne Potron）在其中一次海难中幸存了下来。在遭遇如此痛苦的灾难之后,他在遗嘱中捐赠了40万法郎,用以在韦桑岛(Isle of Ouessant)附近建造一座灯塔。他写道:"虽然在灾难发生后全力补救不失为一种英雄行为,但防患于未然才是更好的办法。"这位捐赠者只提出了一个条件:工程必须在他去世后七年内完成。

1904年,灯塔匆匆忙忙地开工了。虽然灯光勉强在约定的期限内点亮,但工程进度过快导致接下来的几年内塔身十分脆弱。头几次的暴风雨很快暴露出建筑结构异常震动的问题。每次暴风雨来袭,守塔人总是提心吊胆、备受折磨,仿佛灯塔就要倒塌在海上。虽然多次试图修复,但由于工程过于复杂而且费用高昂,一直到三十年后才完成。灯塔有所改善,但对于很多人来说,这里仍然是"韦桑岛的地狱"。

在工作了十四年之后,西奥·马尔戈恩于1991年离开了朱芒灯塔,将那个自动化的孤独灯塔留在了身后。他继续生活在韦桑岛,漫步于悬崖峭壁之间,眺望着远处灯塔的剪影,不时回忆起那个时刻:著名的巨浪扑向"暴风雨灯塔"。

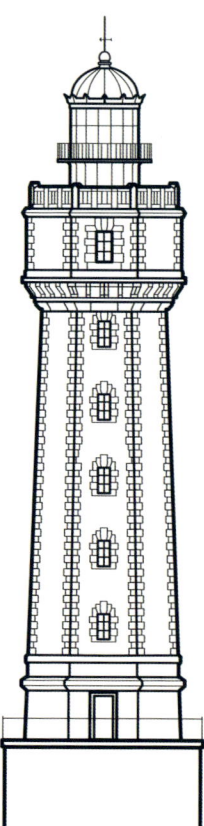

朱芒灯塔

伊鲁瓦兹海,大西洋,
欧洲

北纬 48° 25′ 40″
西经 05° 08′ 00″

建造时间:1904 年—1911 年
亮灯时间:1911 年
自动化时间:1990 年
目前状态:使用中
材质形态:八角形石塔
塔高:47 米
焦平面高度:41 米
照明范围:22 海里
灯光特征:每 15 秒三次红光闪烁

2017 年 11 月,人们测量了拍打朱芒灯塔的海浪高度,最高的浪头超过 24.5 米。菲利普·里奥雷(Philippe Lioret)的电影《守望者》(L´Équipier)拍摄于 2004 年,讲述了一个以韦桑岛为背景的故事,朱芒灯塔的守塔人就是故事的主角。

2015 年 12 月,朱芒灯塔被收入法国历史古迹名录。

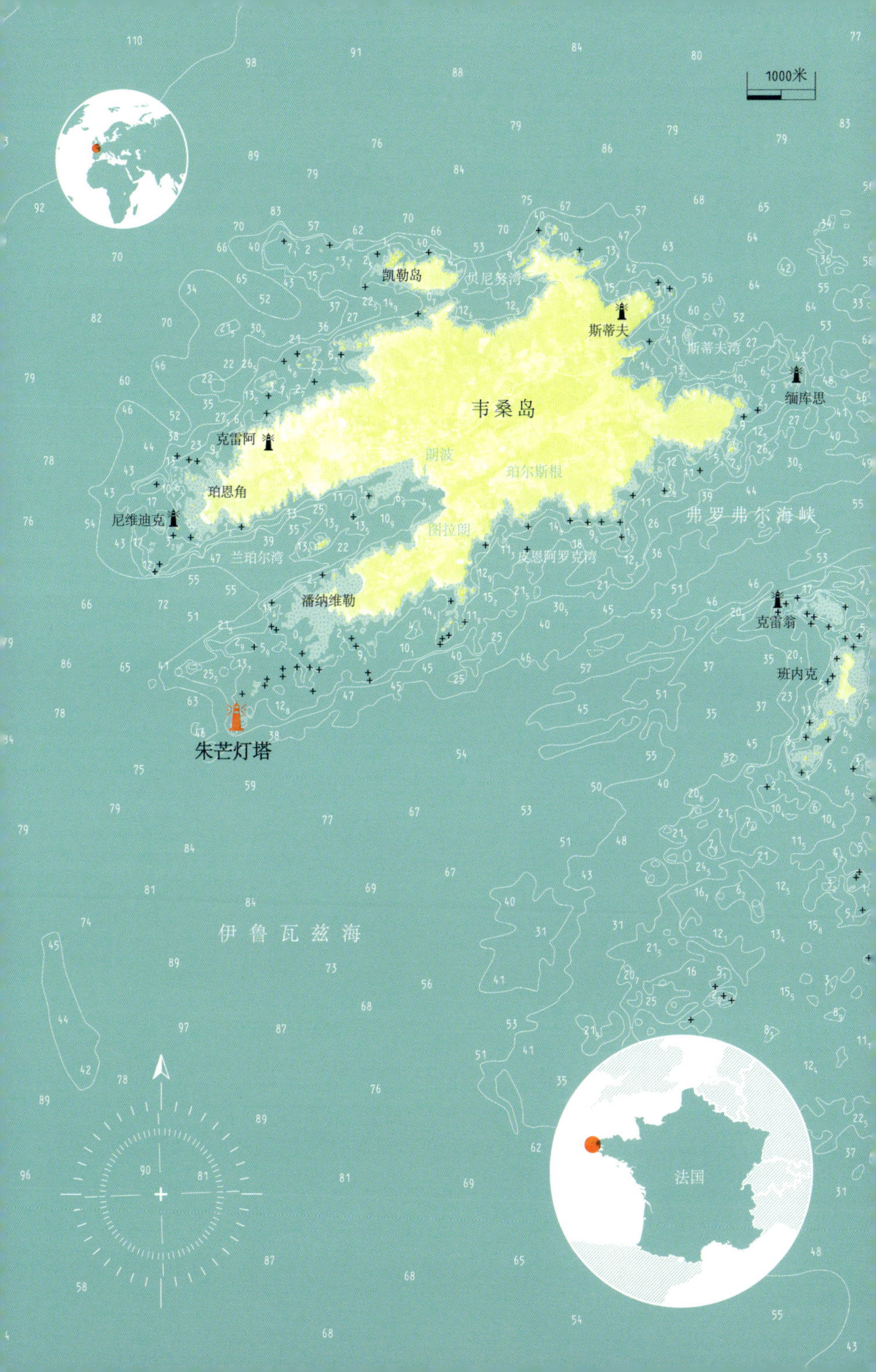

韦桑岛

凯勒岛
贝尼弩湾
斯蒂夫
斯蒂夫湾
缅库思
克雷阿
朗波
珀恩角
珀尔斯根
弗罗弗尔海峡
尼维迪克
兰珀尔湾
图拉朗
皮恩阿罗克湾
克雷翁
潘纳维勒
班内克
朱芒灯塔

伊鲁瓦兹海

法国

1000米

所有向加勒比地区运送非洲奴隶的船只都会经过这座岛。

小库拉索岛，
库拉索（荷兰王国）

小库拉索岛灯塔
Faro de Klein Curacao

18

在委内瑞拉海岸对面，有一块属于荷兰的小小飞地，延绵于加勒比海南部。十七世纪时，来自荷兰的殖民者们在库拉索岛（Klein Curacao）安顿下来，西印度公司在这里设立了尼德兰公司办公室，负责管理大西洋上绝大部分的奴隶贸易。库拉索首府威廉斯塔德（Willemstad）因为这项高利润的业务而富裕起来，今天，除了拥有一座被收入人类文化遗产名录的殖民风格建筑，这里也是一个旅游避税天堂。

因为西北风和湍急的洋流，船只经常在从库拉索向南航行两个小时左右的一座小岛处遇难。如今，沿着小库拉索岛海岸逆风航行，除了几千个塑料瓶和其他现代垃圾，还能看到六十年代陷入泥淖的石油船"玛丽亚·比安卡导游号"（*Maria Bianca Guidesman*）那生锈的废墟，和一些来自1934年被炸毁的德国货轮"马格达莱纳号"（*Magdalena*）的残骸。法国游艇"查尔号"（*Tchao*）尸骨未寒的遗体在沙滩上安眠，仿佛这里就是它的墓地。

那条声名狼藉的航线就是驶向小库拉索岛的。所有向加勒比地区运送非洲奴隶的船只都会经过这座岛屿。途中已经生病的奴隶们就在这里下船接受隔离，直至好转或死亡。在穿越大洋的航行中没能存活下来的人们就埋在这座小岛的沙土之下。

这里曾竖立起的第一座灯塔是亨德里克王子（Príncipe Hendrik）灯塔，然而其寿命不到三十年，于1877年被一场飓风卷走。岛屿从此隐没在未知的黑暗中，直到1913年，另一束灯光从这里发出。新的灯塔至今仍惊心动魄地屹立在这片孤独之地的中央。跟威廉斯塔德的很多其他建筑一样，它是玫瑰色的。运转了一段时间之后，随着二十世纪的结束，灯塔逐渐被遗忘，但它的废墟历经严酷气候幸存至今，仿佛一具幽灵般的骷髅立在那里，又像一艘陆地上沉没的船。

在二十一世纪的第一个十年中，这座灯塔的灯光以自动化的方式恢复了照明，每15秒两次闪烁。也正是在同一时期，荷兰政府就荷兰王国曾参与国际奴隶贸易表达了"沉痛的后悔与自责"。

18

小库拉索岛灯塔

加勒比海，南美洲

北纬 11° 59′ 23″
西经 68° 38′ 35″

建造时间：1850 年及 1879 年
亮灯时间：1850 年及 1913 年
自动化时间：2008 年
目前状态：使用中
材质形态：圆柱形石砌塔
塔高：20 米
焦平面高度：25 米
照明范围：15 海里
灯光特征：每 15 秒两次白光闪烁

1871 年，一位名叫约翰·戈登（John Godden）的英国工程师开始在小库拉索岛开采蕴含磷酸物质的海鸟粪。矿业和殖民者们带来的羊群破坏了岛上脆弱的生态系统，使之最终成为荒漠。

虽然小库拉索岛目前无人居住，但可以从威廉斯塔德乘船到达，并在灯塔附近以及奴隶隔离所周围徒步游览。

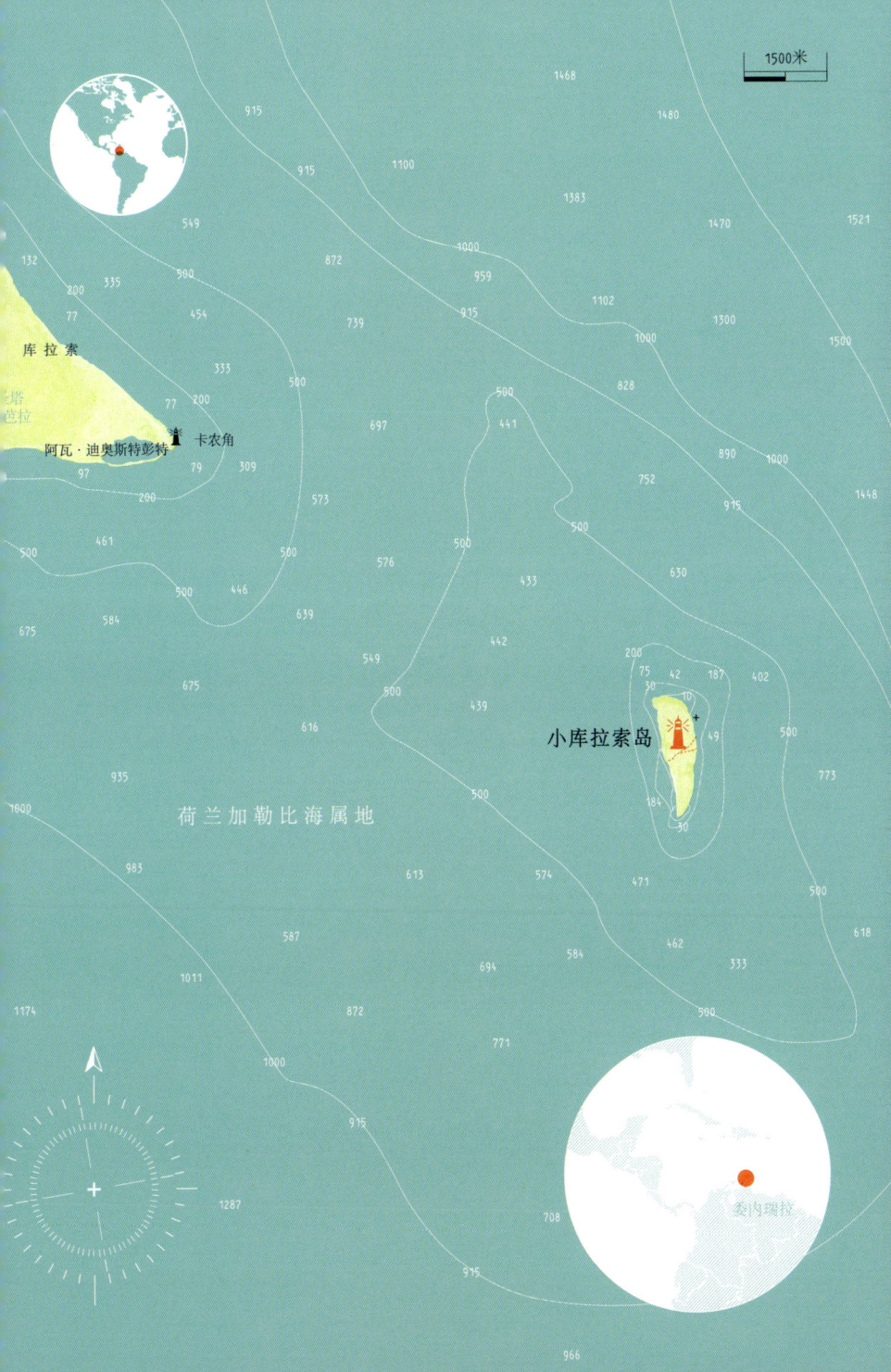

一个女孩从灯塔的窗口看到了这一幕,
那一年,她只有十二岁。

莱姆岩,纽波特市,
罗德岛州(美国)

莱姆岩灯塔
Faro de Lime Rock

19

第一次救人发生在一个阴郁的秋日。四个新兵无忧无虑地航行在亚当斯堡附近。其中一人爬上桅杆,开始晃动起来。这一举动原本不过是为了跟朋友们开个玩笑,却导致不幸的结局:帆船倾覆,而这些年轻人几乎都不会游泳。他们绝望地挣扎着,勉强漂浮在海上。一个女孩从灯塔的窗口看到了这一幕,立刻赶去营救。靠着一条小船,她成功地把所有人都救了上来。那一年,艾达·刘易斯(Ida Lewis)只有十二岁。

1858年过去了。五年前,艾达的父亲被任命为莱姆岩灯塔守塔人。这是一座砖结构灯塔,分为上下两层,建筑的西北角竖立着一个灯座,发出昏暗的白色固定光。这个小小的灯塔距离海岸大约三百多米,指引着船只航行至纽波特(Newport)内部港口。后来因为父亲中风半身不遂,艾达和母亲便承担起了守塔的工作。她不但控制灯光,而且每天划船送弟弟去上学。那时她已被认为是纽波特最优秀的游泳健将。

那些年间,一次次的营救陆续发生:一个军官、一个士兵、五个女人……其中一些人溺水时情形极为危急,以至于艾达需要好几天才能恢复力气。二十六岁那年,她声名鹊起,那个时代最受欢迎的杂志纷纷对她进行连篇累牍的报道。为了认识她,数百人蜂拥而至，登上莱姆岩。纽波特的市民们赠送给她一艘名为"救援号"（*Rescue*）的小艇，配有镀金桨耳和红色天鹅绒坐垫。甚至连美国总统尤利西斯·S. 格兰特（Ulysses S. Grant）都去拜访过她。总统在登上岩石的时候弄湿了双脚，他直言："为了见到艾达，即使海水没到腋下也在所不惜。"

艾达同威廉·威尔森（William Wilson）低调结婚，并定居在黑岩（Black Rock）港口。但他们的婚姻很短暂。艾达无法忍受远离灯塔的生活，很快她就回到了莱姆岩。1879 年，她被正式任命为守塔人。

"有时雨点如此猛烈地扑向粗糙的窗户，什么都看不见。一连数日巨浪滔天，没有任何船只敢靠近岩石，哪怕正忍受饥饿，也很快乐。在礁石上，有一种在海岸上无法获得的平静。夏天，数百艘船只驶入或驶离这个港口，快乐的一部分就在于他们依赖于我的指引。"

1911 年 10 月的一个早晨，就在那里，就在那座灯塔中，艾达瓦利·佐莱达·刘易斯（Idawalley Zoraida Lewis）的生命之光永远熄灭了。在历史上，莱姆岩灯塔将因艾达·刘易斯的名字被铭记。

19

莱姆岩灯塔

纳拉甘西特(Narragansett)湾，大西洋、北美洲

北纬 41° 28′ 40″
西经 71° 19′ 35″

建造时间：1853 年
亮灯时间：1854 年
自动化时间：1927 年
停用时间：1963 年
材质形态：附连在房屋上的砖塔
塔高：4 米
焦平面高度：9.1 米
原始透镜：菲涅尔 6 级

20 世纪 20 年代末，为了便于登上岩石，人们建造了一块木制跳板。一群致力于保护历史的航海者们买下了莱姆岩灯塔以及整个住宅，并由此创立了艾达·刘易斯游艇俱乐部，一直活跃至今。俱乐部的旗帜上有一个红底蓝色的灯塔图案和十八颗白色的星星，每一颗星星代表艾达·刘易斯救下的一条生命。

温暖的炉火旁,
达琳一家正与海难的幸存者们在一起。

朗斯岛，法恩群岛，
诺森伯兰郡（英国）

朗斯灯塔
Faro de Longstone

20

格蕾斯·达琳（Grace Darling）在二十六岁那年死于结核病。虽然出生于卑微的家庭，她的遗体却安息在圣安登（San Aidan）教堂内一个巨大的陵墓中。在格蕾丝出生的城市班伯（Bamburgh），人们为她建了一座纪念馆，并于"福法郡号"（SS Forfarshire）遇难一百周年之际开馆。任何关于格蕾斯的照片都没有保存下来，但展览收集了一些与她的生活相关的物品，比如一件跟姐妹轮流穿的衣服，一条因时间久远而发白的辫子，以及用于救人的划桨船。在另一个展柜中，可以看到一本用日文汉字书写的教材，那是为了让日本学者们了解她的故事。

1838年9月7日，"福法郡号"断成两截。前一天早上六点半它从赫尔（Hull）出发，晚上十点马达出现故障，凌晨三点撞上了大哈卡礁石（Big Harcar），四分五裂。这艘开往敦提（Dundee）的蒸汽船遭遇了猛烈的暴风雨，被卷离航道，直至在法恩（Farne）群岛触礁。船上有船长汉布尔（Humble）和他的船员们、四十名乘客，以及满载的棉花和铜。

格蕾斯看着暴风雨猛烈拍打着灯塔的窗户。那天晚上她无法入眠。直到晨曦微露，能够清楚地分辨出一艘失事船只的残骸，以及遥远的岛屿上依稀可见的人影。她告诉了父亲——朗斯灯塔的守塔人威廉。虽然在暴风雨中航行令人恐惧,但父女二人还是冒着生命危险,一起驾驶名为"科布尔"(Coble)的小船冲进了大海,并在咆哮的海面上划行了可怕的一公里。在大哈卡岩石上,他们发现了九个奄奄一息的幸存者。道森(Dawson)太太膝头还抱着两个已经没有了生命的年幼孩子的躯体,而令人尊敬的罗布(Robb)则两手交握,刚刚咽气。格蕾斯在惊涛骇浪中操纵着小艇靠近岩石,她的父亲则去帮助那些遇难者。

与此同时,一艘七人的救援艇从北桑德兰(North Sunderland)出发,但在"福法郡号"的废墟中没有找到任何幸存者。救援人员筋疲力尽,返回港口又非常困难,便来到朗斯灯塔寻求庇护。他们惊讶地发现,温暖的炉火旁,达琳一家正与海难的幸存者们在一起。暴风雨持续了数日,在能够返回陆地之前,十九个人不得不挤在灯塔狭小的房间。

这个消息像野火一般传播开了,营救通过报纸宣传成为一场媒体盛宴。格蕾斯得到了赞誉、勋章和奖赏。她的勇气也为后世传颂。

朗斯灯塔

北海,大西洋,欧洲

北纬 55°38′38″
西经 01°36′39″

工程师:约瑟夫·尼尔森(Joseph Nelson)
建造时间:1825 年
亮灯时间:1826 年
自动化时间:1990 年
目前状态:使用中
材质形态:圆柱体石塔
塔高:26 米
焦平面高度:23 米
照明范围:24 海里
灯光特征:每 20 秒一次白光闪烁

虽然法恩群岛如今无人居住,但在中世纪时却是僧侣和隐士的修行之所。著名的圣徒如圣艾丹(San Aidan)、圣卡特伯特(San Cutberto)和法恩的圣巴塞洛缪(San Bartolomé de Farne)都长年幽居于此。

自 1773 年以来,曾有七座灯塔照亮这些岛屿,目前还有两座仍在运行:法恩(内法恩)灯塔和朗斯(外法恩)灯塔。

如果发生紧急情况,
同外界唯一的联络方式是信鸽。

马苏克岛,
塔斯马尼亚(澳大利亚)

马苏克灯塔
Faro de Maatsuyker

21

再往南没有任何灯光,只有一片暴怒的海和"四十度咆哮风带"①。接下来到达的陆地就是南极。

马苏克是塔斯马尼亚(Tasmania)一块高高的礁石,夹在太平洋和印度洋之间。原始、荒芜、无法到达,有人称之为"南方孤独"。但事实上,"南方孤独"是一座澳大利亚小岛的名字,位于此处往北一千六百公里,离有人居住的地方更近。马苏克是风之岛——常年肆虐着时速一百公里的飓风,也是水之岛——每周至少有五天下雨。有时呼啸的狂风伴随着猛烈的暴雨,足以把人刮倒。大风掀翻守塔人住所的房顶,打破窗户,摇撼着灯塔,几乎要将它折断。

在马苏克,闪电的赫赫威名毫不逊色于狂风。约翰·库克(John Cook),一名在马苏克灯塔服务了八年的守塔人,坦言自己在岛上经历过的最可怕的时刻是闪电击中灯塔,惊雷的力量将他抛起撞到墙上。2015年,一道闪电击中灯塔,电力供应中断了数个星期。

尽管如此,对于约翰·库克来说,岛上也有温暖和甜蜜的时刻:观赏鼠海豚和鲸鱼,在夜空下欣赏南极的极光,以及享受无与伦比的日落景观。

---

① 在南半球副热带高压南侧的南纬40°到50°之间,几乎每天都是狂风怒号,所以航海者称之为"四十度咆哮风带"。

"我喜欢岛上的生活,因为感受到自己的身体比在坚实的陆地上更加充满活力。人们好奇我们是如何抵御寂寞和无聊的,但让感官保持警醒真的是一件令人振奋的事。"

1891年灯塔初建时,如果发生紧急情况,同外界唯一的联络方式是信鸽。守塔人每次往霍巴特(Hobart)遣送三只信鸽,祈祷至少有一只能够到达目的地。此外,这项工作是极其繁重的:登上一百二十五级台阶到达灯座,点燃煤油灯,每二十分钟通过气泵输入空气使灯光保持纯净、浓烈。每天晚上都必须做这项工作,直到灯塔通电,油灯换成灯泡。从那时开始,塔斯马尼亚南部指引渔船航行的灯光变得更加凄凉。据库克说,这意味着"结局的开端"。电的到来使守塔人这一职业也加入了濒临灭绝名单。

约翰·库克出版了一部回忆录,名为《最后一位守塔人》。一直到八十五岁,他蓝色的眼睛仍然在寻找着地平线。他在遗嘱中写下一个愿望:长眠于马苏克岛。

21

马苏克灯塔

太平洋及印度洋，
大洋洲

南纬 43° 39′ 25″
东经 146° 16′ 17″

建造时间：1891 年
亮灯时间：1891 年
自动化时间：1996 年
目前状态：使用中
材质形态：圆锥形砖塔
塔高：15 米
焦平面高度：140 米
照明范围：26 海里
灯光特征：每 7.5 秒一次白光闪烁，每四次闪烁后停顿一次

原始灯塔于 1996 年被取代。虽然新塔利用太阳能实现了自动化，但在最近几年开展了一个志愿者项目，招募了一对夫妇在这座岛屿居住六个月。这些临时房客必须完成监控灯塔运作和维护设备的任务，并开展气象测量。第一次招募收到了超过一千份申请。

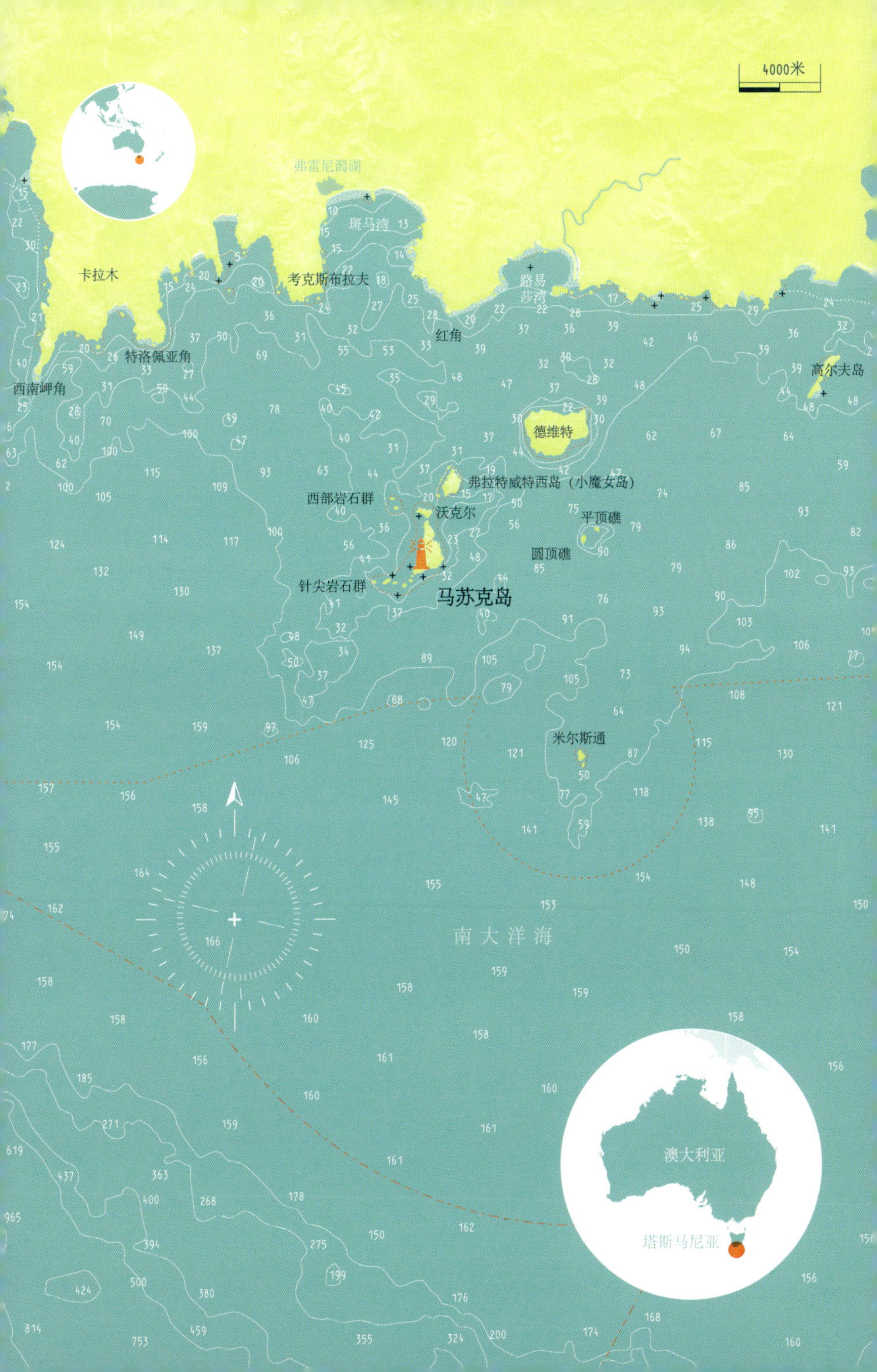
4000米
弗雷尼潟湖
斑马湾
卡拉木
考克斯布拉夫
路易莎湾
红角
特洛佩亚角
西南岬角
高尔夫岛
德维特
弗拉特威特西岛（小魔女岛）
西部岩石群
沃克尔
平顶礁
圆顶礁
针尖岩石群
马苏克岛
米尔斯通
南大洋海
澳大利亚
塔斯马尼亚

在蛮荒的小岛上,
灯塔的数量比植物都多。

马蒂尼库斯岩,克利哈文,
缅因州(美国)

马蒂尼库斯岩灯塔
Faro de Matinicus Rock

22

凯文·阿森诺(Kevin Arsenaut)对灯塔几乎一无所知。当这位业余人士被委任为灯塔助理时,他问海岸警卫队的同伴,那里的生活是什么样的。其中有个人向他保证,每棵树后面都有一个年轻姑娘等待着。

如果阿森诺曾读到过1891年灯塔理事会的年度报告,就知道"马蒂尼库斯岩上既没有树,也没有灌木,几乎寸草不生。岩石的表面不过是一大堆杂乱无章的松散石块,常常在海浪的席卷下翻滚"。

没错,在这个蛮荒的小岛上,灯塔的数量比植物都多。有两座孪生的灯塔矗立在岛屿两端,照亮缅因州最危险的水域。

不过,马蒂尼库斯岩上的确有女人。如果说这些女人有什么出众之处,那便是她们的勇气和胆量。艾比·伯吉斯(Abbie Burgess)十六岁那年,就跟父母和妹妹们一起来到了这里。艾比帮助父亲监管灯塔,完成灯光的日常维护,并照顾因为疾病而行动不便的母亲。

1856年1月,山姆·伯吉斯(Samuel Burgess)驾船出海寻找补给物资。在此期间,突然起了一场暴风雨,让他无法返回。三天之后,风力越来越强,大海更加波涛汹涌,岛屿的大部分区域都被淹没在水下，他们居住的房屋也被淹了。艾比把母亲和妹妹们挪到了唯一安全的地方：北塔，并让她们躲在那里，自己则在齐膝深的水中冒险把仍然留在畜栏里的母鸡救了出来。最后只有一只母鸡没能脱离危险。不一会儿，一个可怕的巨浪扑向岛屿，卷走了房屋和鸡舍。整整四个星期，她们无法离开灯塔，以每天一杯玉米和一个鸡蛋的定量食物维持生命。在艾比的照料下，灯塔的光芒从未熄灭。最后暴风雨终于减弱了，山姆·伯吉斯踏上归途。他悲痛欲绝，以为再也见不到家人。然而，结局是一次幸福的团聚。所有人都安然无恙。

五年后，马蒂尼库斯岩石迎来一位新的守塔人。约翰·格兰特（John Grant）在儿子以撒（Isaac）的陪伴下抵达，接管了岛上的灯光。伯吉斯一家不得不搬走，但为了让新来的管理员学习灯塔的运作，艾比必须继续逗留一段时间。艾比和以撒之间产生了像大西洋海浪一样汹涌的爱情。艾比从此再也没有离开马蒂尼库斯岩。第二年，这对恋人结婚了。夫妇二人生了四个孩子，孩子们在永无止息的狂风中长大。

马蒂尼库斯岩灯塔

大西洋,北美洲

北纬 55°38′38″
西经 01°36′39″

工程师:亚历山大·帕里斯(Alexander Parris)
建造时间:1827 年
亮灯时间:1846 年
自动化时间:1983 年
目前状态:使用中
材质形态:圆柱形花岗岩塔
塔高:26 米
焦平面高度:23 米
照明范围:24 海里
灯光特征:每 10 秒一次白光闪烁

艾比·伯吉斯于 1892 年逝世。她在最后一封信中,说自己经常梦见马蒂尼库斯岩古老的灯光,并自问,她的灵魂在离开已经衰竭的身体之后,是否将继续照料灯塔。

1988 年,这座灯塔被列为美国历史古迹。

十九世纪下半叶,
一百多座小岛以《鸟粪岛法》的名义被占据。

纳弗沙岛，
本土外小岛屿群[1]（美国）

纳弗沙灯塔
Faro de Navaza

23

十九世纪初，海鸟粪是一种令人趋之若鹜的原料。在日益发展的精细农业中，这种因海鸟粪便大量堆积形成的有机物被证明是一种高效的肥料。因此也就不难理解，为什么数千年来一直埋藏在信天翁、鸬鹚、鲣鸟和银鸥粪便之下的几百个微小岛屿、礁岛、岩石和巨石会突然引起人们的巨大兴趣。

1856年，美国国会通过立法，授权其公民开发所有蕴藏海鸟粪资源且不属于其他国家管辖之下的岛屿。十九世纪下半叶，一百多座小岛以《鸟粪岛法》的名义被占据。

克里斯托弗·哥伦布派遣的两艘船在从牙买加驶向新西班牙的途中遇到了一座无足轻重的小岛。虽然因为岛屿"只是一块岩石，没有活水，没有树，只有乱石嶙峋"，所以他们径直驶过，并未停留，但还是为它取名"纳弗沙"。在接下来的三百年间，水手们依然不愿在此着陆。直到1857年，美国船长彼得·邓肯（Peter Duncan）宣称拥有纳弗沙岛，这里蕴藏着一百万吨海鸟粪。

负责开采这些肥料的是来自马里兰州（Maryland）的一百四十

---

[1] 美国本土外小岛屿群为美国九处岛屿属地的合称，包括威克岛、贝克岛、豪兰岛、贾维斯岛、约翰斯顿环礁、金曼礁、中途岛、帕迈拉环礁和纳弗沙岛。

名非裔美国工人。他们顶着热带的烈日，忍受着白人监工的残暴统治。1889年，劳工起义爆发，五名监工被打死。为首的工人在巴尔的摩接受审判并被处以刑罚。暴动之后，肥料开采事业开始衰落。最后，正当古巴革命如火如荼之际，这家磷酸肥料公司宣告破产。

纳弗沙岛一向无人居住。直到巴拿马运河开航之后，向风海峡被宣布为从北美洲东海岸驶往太平洋的最快航线，这座小岛才被频繁光顾。这里因此建起了一座将近五十米高的巨大混凝土灯塔，以及供守塔人居住的房屋。美国海岸警卫队的守塔人在这里驻守了五年。然而，在这个偏远之地令人窒息的炎热中，没有人能坚持太久。1929年，工程师乔治·R. 普特南（George R. Putnam）设计了一套系统，使灯光实现了自我供能，从此纳弗沙成为全世界最早实现自动化的灯塔之一。

1996年，灯光熄灭了。从那时开始，猫、狗和猪在这座巨大的灯塔周围游荡，无花果树和荆棘在这片被人遗忘的土地上不受控制地生长。一个巨大的路标如今指示的是繁茂的热带杂草丛，它们已无情地成了这座岛屿的主人。

23

纳弗沙灯塔

加勒比海，中美洲

北纬 18° 24′ 01″
西经 75° 00′ 39″

建造时间：1917 年
亮灯时间：1917 年
自动化时间：1929 年
停用时间：1996 年
材质形态：石砌基座，混凝土塔
塔高：49.3 米
焦平面高度：120 米
原始透镜：菲涅尔 2 级

从两百多年前开始，纳弗沙就是一片争议之地。虽然它是美国《鸟粪岛法》生效后第一座被占据的岛屿，但事实上，早在 1804 年，海地已经正式宣称对其拥有主权。目前，虽然争端仍未解决，但负责管理这座岛屿的是美国鱼类和野生动物服务局。

曼德拉画过一些彩图，
是他记忆中的港口、教堂、窗口、灯塔和牢房。

罗本岛灯塔
Faro de Robben

为了纪念在罗本岛度过的时间,尼尔森·曼德拉(Nelson Mandela)画了一系列彩色草图,描绘了留存在他记忆中的那些地方:港口、教堂、窗口、灯塔和牢房。

海豹岛——即荷兰语中的罗本岛——是一片非洲的土地,自一万两千年前就屹立在大洋中。曾有一些装满财宝的船只在岛屿沿岸失事,因此从欧洲对南非的殖民初期开始,人们就在岛屿的制高点上燃起篝火以提醒船只绕行。1657年,扬·范里贝克(Jan van Riebeeck),这位葡萄酒生产、皮毛生意以及奴隶贸易的推动者,同时也是开普敦的管理者,在那里建造了南非领土上的第一座灯塔。虽然这座灯塔很快就被暴风雨摧毁了,但约瑟夫·弗莱克(Joseph Flack)于1864年建造的另一座灯塔直到今天还在运转。

灯塔、岛屿和监狱之间的联系往往过于黑暗。除了建造一座耀眼的灯塔之外,荷兰人发现罗本岛也适合流放那些"不受欢迎的公民"。很多反殖民运动的领袖都埋骨于此。后来,在英国的统治下,除了邪恶的监狱之外,又加盖了一座麻风病院和一座精神病院。在将近一个世纪中,这个殖民地容纳了数百个病人。与此同时,监狱的铁栅栏也在不断扩大,围墙日益坚固。

守塔人和狱卒们保持着密切的交往：守塔人及其家人依赖监狱服务机构提供物品和饮食，而同样大部分时间幽居于岛上的狱卒们则在灯塔下度过闲暇时间，其中一些人娶了守塔人的女儿。

1964年冬天，曼德拉抵达罗本岛，并在接下来的十八年中一直被关在一个四平方米大的牢房里，只有一个桶作为卫生间。他每天从早上六点开始在采石场劳动，这项工作使他差点失明。一年到头只能收两封信、接受一次三十分钟的探视。他跟其他政治活动家一起住在安全措施最严密的监狱，这是南非实行种族隔离政策期间，种族压迫最冷酷无情的刑罚之一。

在灯塔间歇性闪烁的灯光下，尼尔森·曼德拉、沃尔特·西苏鲁（Walter Sisulu）、戈万·姆贝基（Govan Mbeki）和艾哈迈德·卡特拉达（Ahmend Katharada）联合起来，更坚定了继续斗争、反抗压迫的决心。岛上的囚禁生涯也锻炼了他们的领导力，那时他们还不知道自己将成为引领南非未来命运的英雄。

24

罗本岛灯塔

大西洋,非洲

南纬 38° 48′ 52″
东经 18° 22′ 29″

工程师:约瑟夫·弗莱克(Joseph Flack)
建造时间:1865 年
亮灯时间:1865 年
目前状态:使用中
材质形态:圆柱形石砌塔
塔高:18 米
焦平面高度:30 米
照明范围:24 海里
灯光特征:每 7 秒一次红光间歇性闪烁,每次闪烁持续 5 秒

1999 年,罗本岛被联合国教科文组织宣布为人类文化遗产。今天,古老的监狱被改建为一座博物馆,用于纪念种族隔离期间的遇难者们。一些原先被囚禁于此的政治犯如今在这里工作,向访客们讲述自己在罗本岛的生活经历。

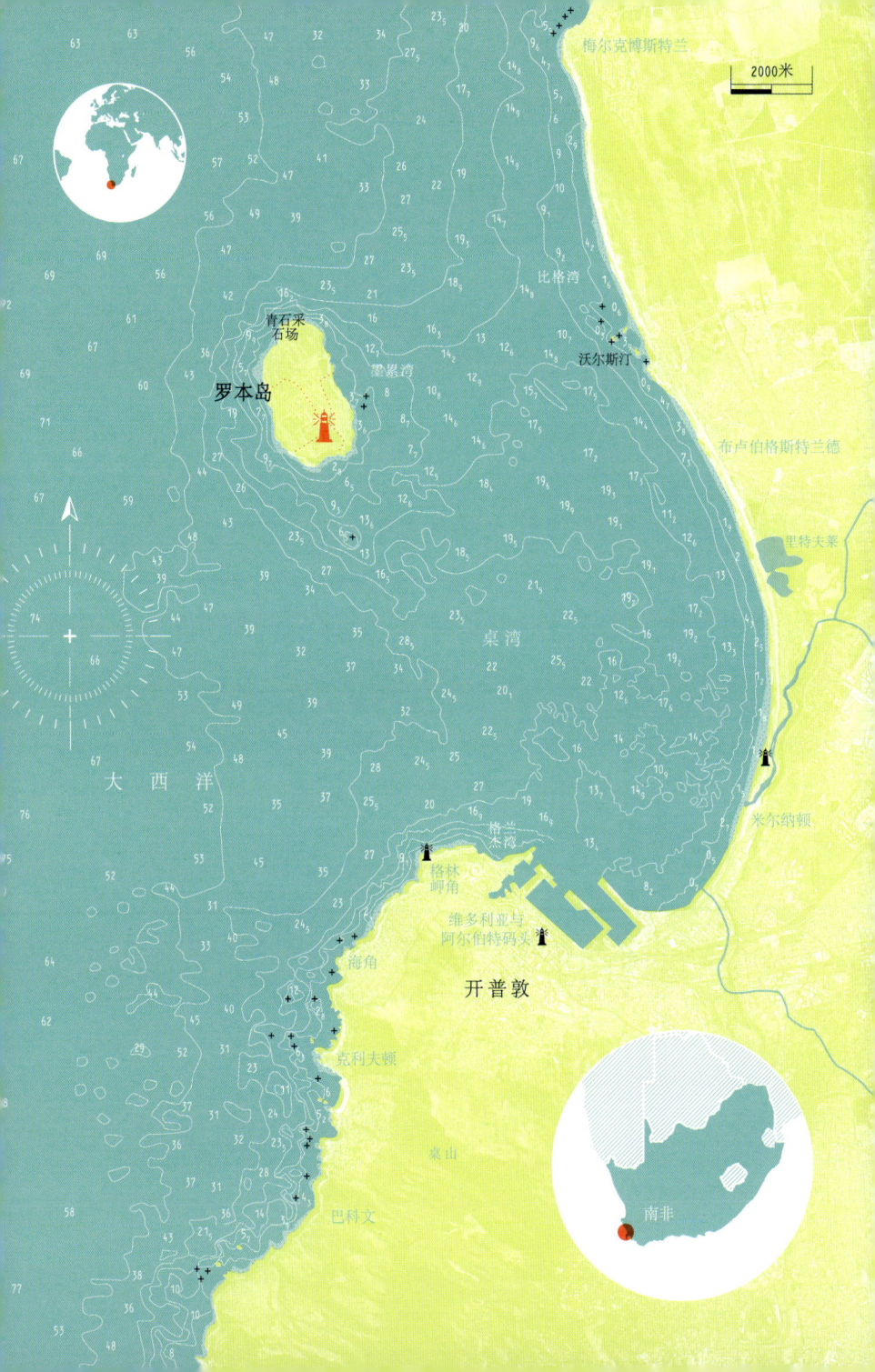

没有人能够连续十年守护这座灯塔
而不遭遇任何不幸。

鸟岩灯塔
Faro de Rocher aux Oiseaux

自然学家约翰·詹姆斯·奥杜邦（John James Audubon）航行在距离马德莱娜（Madeleine）群岛三十公里的地方。船只经常在此迷航，以至于这里大部分居民的姓氏都来自海难的遇难者，房屋也用船只残骸建造。奥杜邦遥望着一块孤零零的巨石，那发红的峭壁上溅满小小的白点。当船足够靠近时，可以看到无数白点在高处飞行，遮天蔽日，仿佛突然下起了暴雪。成千上万只海鸟正在欢迎他来到"鸟岩"（Bird's Rock）。

1870 年，那里建起了一座灯塔。当时的海洋和渔业部长彼得·米切尔（Peter Mitchell）称："我很高兴地宣布，我们在整个加拿大最困难的位置成功地建造了一座灯塔以及守塔人的房屋。岛屿周围的乱礁常常激起巨浪，连靠近都很危险。"

灯光亮起，同时诞生的却是一个不祥的预兆。第一位守塔人在登陆岩石之后立刻提交了辞呈，并警告说："没有人能够连续十年守护这座灯塔而不遭遇任何不幸。"在接下来的数十年中，这一预言一语成谶。1872 年，在几个月的孤独工作之后，守塔人普雷斯通（Preston）被拘束衣绑着，离开了灯塔；1880 年，守塔人彼得·沃伦（Peter Whalen）和他的儿子在距离灯塔数公里的地方冻死了。头一天，他们出海去捕猎海豹，只有助手蒂维耶格（Thivierge）奇迹般地幸存了下来；1881年，在一个雾天，守塔人查尔斯·奇亚森（Charles Chiasson）在鸣响雾炮时飞了出去。他的儿子和一个朋友也死于这场事故；1891年，守塔人泰莱斯福尔·特比德（Télesphore Turbide）在操作同一门雾炮时失去了一条胳膊；1897年，守塔人阿尔塞纳·特比德（Arsene Turbide）在冰封的海面上徒步了九十公里来到布雷顿角（Cape Breton）。三天前，他在表兄查尔斯（Charles）和助手科米尔（Cormier）的陪伴下离开灯塔去捕猎海豹。阿尔塞纳在垂死挣扎了两个星期后死去，另两人再也没有被找到；1897年，一个漆黑的夜晚，灯塔助理梅兰森（Melanson）在发射信号手枪时受了重伤；1911年，守塔人威尔弗里德·布尔克（Wilfrid Bourque）拿着霰弹枪出门寻找鸭子，几个小时后，他的尸体漂浮在小岛旁；1922年，阿尔宾·布尔克（Albin Bourque）和他的两位助手突发急病，阿尔宾在送往医院的路上不治而亡，两位同伴虽然活了下来，却留下了后遗症，他们发病的原因是岛上的储水被鸟粪污染了。

1955年，守塔人阿尔弗雷德·阿森诺（Alfred Arsenaut）安然无恙地从这个岗位上退休。他守塔超过十二年，但没有发生任何悲剧。当被问及是否担心那个预言时，他耸了耸肩。

25

鸟岩灯塔

圣洛伦佐（San Lorenzo）
湾，大西洋，北美洲

北纬 47° 50′ 17″
西经 61° 08′ 44″

建造时间：1870 年—1887 年—1967 年
亮灯时间：1870 年
自动化时间：1987 年
停用时间：2011 年
材质形态：木质及混凝土塔
塔高：15.2 米
焦平面高度：49 米
照明范围：21 海里

这座苍凉的小岛被雅克·卡地亚（Jacques Cartier）船长命名为奥克斯·马尔加乌克斯岩（Rocher aux Oiseaux）——意为"鲣鸟岩"——那是 1535 年，他正航行于圣洛伦佐湾，寻找去往西北方向的通道。

灯塔的底座位于北侧的悬崖峭壁，要爬上 147 级台阶才能到达。

今天，这块岩石已经成为候鸟的圣殿，也是加拿大的海洋保护区。

沙丘越来越高，
挡住了灯塔照亮大海的灯光。

鲁比格·克努德灯塔
Faro de Rubjerg Knude

沙丘缓缓移动，无声无息。如果它想吞噬这座灯塔，将其埋葬于层层金色颗粒之下，灯塔不会有机会进行任何抵抗。照片上的灯塔被沙丘围追堵截，那仿佛是另一个时代——比如古埃及——的场景。一个地方不是被水而是被沙丘包围，没有人会认为这样荒漠般的景色属于二十一世纪的一个北欧国家。

在这张照片被拍摄的一百年前，丹麦的文叙瑟尔-许岛（Vendsyssel-Thy）海岸竖立起一座鲁比格·克努德灯塔，位于海平面以上六十米，距离海岸两百米。

灯光指引着船只们航行，与此同时，风和大海推动着沙滩的沙子向内移动。慢慢地，沙丘越来越高，在灯塔上投下摇曳的暗影。为了阻止沙丘的前进，人们立起了一个木制的栅栏，并在栅栏周围种下了草和荆棘。但一切都是徒劳的：1968年，沙丘挡住了照亮大海的灯光。十二年后，灯塔已然停用，为了将这个区域打造为旅游目的地，人们清走了大量沙子，并在附属的建筑内开了一家博物馆和一家咖啡馆。这又是一次试图击败自然的徒劳尝试——这套系统运行了一段时间，最终于2002年被废弃。沙丘在这些设施表面横行无阻，摧毁了房顶、折断了建筑。只有灯塔承受住了沙子的侵袭，耐心地等待被埋葬，又坚持了二十年屹立不倒。

在这座沙丘后面，慢慢靠近的是一片波涛翻涌的海，以及其永不停歇的、征服陆地的欲望。最终海水距离灯塔不过数米，一切都预示着，这座已经深入内陆的灯塔即将倒塌在沙滩上。

在一次高难度的干预行动中，鲁比格·克努德灯塔被放置在几条钢轨上，通过一套复杂的液压系统，向内搬迁了七十米。这项操作被数千人围观——游客、记者、工人、好奇的人们，还通过丹麦几个电视频道向全世界进行转播。十周的谋划，六百二十吨的重量，六小时的移动，每小时十二米的平均速度，超五百万丹麦克朗的花费，这一壮举经历了荣耀时刻，一度成为媒体热点。

面对大自然的骄横与淫威，人类付出的巨大努力是如此不堪一击。在最理想的情况下，苍老的鲁比格·克努德灯塔也只能延长四十年的寿命。

26

鲁比格·克努德灯塔

北海，大西洋，欧洲

北纬 57° 26′ 56″
东经 09° 46′ 28″

建造时间：1899 年
亮灯时间：1900 年
停用时间：1968 年
材质形态：正方形石砌塔
塔高：23 米
焦平面高度：90 米
照明范围：18 海里

灯塔中原始的光学仪器是由法国巴比耶和贝纳德（Barbier & Bénard）公司制造的。2019 年 10 月 22 日，来自朗斯特鲁普（Lonstrup）的建造大师谢尔德·佩德森（Kjeld Pedersen）负责指挥灯塔的搬迁。

鲁比格·克努德并不像人们想象的那样人迹罕至，灯塔每年吸引的游客数量超过 25 万人次。

儒勒·凡尔纳从小小的灯塔中汲取灵感，
　创作出了《世界尽头的灯塔》。

圣胡安·德萨尔瓦门托灯塔
Faro de San Juan de Salvamento

阿根廷巴塔哥尼亚（Patagonia）的几家旅游公司推出了"世界尽头的灯塔"观光路线，不过他们的船只能到达"探路者灯塔"（Les Éclaireurs）。在这里，游客可以欣赏到比格尔（Beagle）海峡上的绮丽风光。然而真正的"世界尽头的灯塔"还在更远的地方，超出了火地岛主岛的范围，距离儒勒·凡尔纳居住的法国城市亚眠（Amiens）一万三千公里，而作家正是从这座小小的灯塔中汲取了灵感，创作出了其最后的小说之一《世界尽头的灯塔》。

1884年，在无人居住的洛斯埃斯塔多斯（Los Estados）岛上，建立了一个海洋辖区政府、一座军事监狱、一个避难所以及阿根廷领土上的第一座灯塔。圣胡安·德·萨尔瓦门托灯塔不过是一座寒酸的木头房屋，只有六米高。高处的云层经常飘到岛屿上方遮挡灯塔，微弱的灯光无法提供良好的可见度。也许正因如此，阿根廷政府决定在"天文台岛"（Observatorio）另建一座名为"新年"（Año Nuevo）的灯塔，位置更加靠北，稍稍避开了南极纬度的严酷气候。圣胡安·德·萨尔瓦门托灯塔的灯光一直亮到1902年10月，三年后，凡尔纳的小说在他死后出版。

在一场暴风雪中，南极所向披靡的"狂暴五十度"[①]飓风席卷着海面，一艘小小的皮划艇在洛斯埃斯塔多斯岛的悬崖峭壁下发生偏航。法国冒险家安德烈·布朗纳（André Bronner）祈祷暴风雪减弱下来，并发誓如果这次能幸免于难，有朝一日必将故地重游。两年后，也就是 1995 年，他履行了诺言。他独自一人在岛上停留了数月，与世隔绝，只带了最基本的生存装备。怀着对凡尔纳故事的向往，坐在古老灯塔的废墟上，他心中燃起了一个梦想：重建"世界尽头的灯塔"。

今天，在地球上的不同地方，有三座一模一样的灯塔。一座在洛斯埃斯塔多斯岛，由布朗纳于 1998 年在圣胡安角（Cabo San Juan）原始的位置建造，其组件生产于法国；另一座位于法国大西洋海岸，以柱子支撑，面对着罗谢尔城（Rochelle），那是布朗纳出生的地方；最后一座是原始大小的设计模型，存放在乌斯怀亚（Ushuaia）海洋博物馆，就在最初灯塔的废墟旁边。在距离"世界尽头的灯塔"几米远的图书馆大厅内，一个玻璃展柜中存放着儒勒·凡尔纳的小说，那是第一版仅存的两部之一。

[①] 参见前文《马苏克灯塔》所注"四十度咆哮风带"。航海者们对"咆哮西风带"还进行了具体区分：南纬40°到50°之间的区域称为"咆哮四十度"；南纬50°到60°之间的区域称为"狂暴五十度"；南纬60°到70°之间的区域称为"尖叫六十度"。

27

圣胡安·德·萨尔瓦门托灯塔

大西洋,南美洲

南纬 54° 43′ 56″
西经 63° 51′ 25″

建造时间:1884 年
亮灯时间:1884 年
停用时间:1902 年
重建时间:1998 年
自动化时间:1998 年
目前状态:使用中
材质形态:八角形木质塔
塔高:6.5 米
焦平面高度:70 米
灯光特征:每 15 秒两次白光闪烁,每次持续 3 秒

在圣胡安灯塔诞生的十年前,阿根廷水手路易斯·彼德拉布埃纳(Luis Piedrabuena)在附近建立了一座避难所,帮助遭遇海难的船只。他成功营救了 146 人。

作家罗伯托·J.佩罗(Roberto J. Payró)在《阿根廷的澳大利亚》(La Australia Argentina, 1898)一书中描写了洛斯埃斯塔多斯岛,也叫川尼辛岛(Chuanisin)——在巴塔哥尼亚原住民语言中意为"富裕之岛"——并称之为"自然的要塞,船只的坟墓"。

他一边拨动着小提琴忧伤的琴弦，
一边把三个瓶子扔进大海。

斯莫尔斯岩，马洛斯，彭布罗克郡，威尔士（英国）

斯莫尔斯灯塔
Faro de Smalls

28

在蜿蜒曲折的威尔士海面上，曾经有一座像小提琴般精工细作的灯塔。亨利·怀特塞德（Henry Whiteside）是利物浦的乐器生产商，他在一块岩石上用九根橡木柱子架起了一座灯，海浪可以穿过这座建筑，随后拍碎在向内三十公里的海岸边。

1777 年，就在这项工程即将完成的时候，制琴师被飓风困在灯塔中。几乎没有淡水，也没有补给。他一边拨动着小提琴忧伤的琴弦，一边把三个瓶子扔进大海，里面装着一个绝望的消息：

"先生，我目前正困在斯莫尔斯岛上，处于极度危险而痛苦的状态。我相信是天意让您看到这个消息，恳求您施以援手，在下一个春天之前解救我们离开这里。否则，恐怕我们所有人都会葬身于此……"

幸运的是，至少一个瓶子被及时发现了。在这场危局最终演变为悲剧之前，他们得到了营救。

在斯莫尔斯岛上，守塔人的生活完全与世隔绝，以至于二十年后发生了另一桩不幸事件。1801 年的一天，求救信号在灯塔上闪烁。然而在漫长的四个月中，持续的暴风雪使营救无法实施。在海岸上，守塔人的家人忧心如焚。夜复一夜，他们来到彭布罗克郡的悬崖峭壁上俯瞰着地平线。示警的旗帜仍然高扬，灯光并未熄灭。

在灯塔中,虽然托马斯·格里菲斯(Thomas Griffith)和托马斯·豪威尔(Thomas Howell)之间的矛盾人尽皆知,但他们不得不单独相处。格里菲斯在并不明朗的情形下死亡,豪威尔虽然试图帮助他,却面临两难困境:如果将他的尸体扔进大海,自己很可能将面临谋杀指控。因此,他为同伴做了一个临时棺材,安放于大厅的一个角落。豪威尔不得不跟尸体共处一室,等待着救援船到达。但数日后,尸体腐烂的臭味变得令人难以忍受,他只好用几根绳子将棺材绑住,再把它拖到了室外。在狂风中,棺材不停地撞击着灯塔,木头散架了。格里菲斯像个柔术演员一样吊在绳子之间,半个身子露在棺材外面。豪威尔即使闭上眼睛,也无法回避这可怕的景象:尸体的手被风吹动,仿佛在跟他打招呼。

备受折磨几个星期后,豪威尔终于获救了。到达陆地时,他的精神和身体状态都糟糕至极,亲友们几乎认不出他来。据说豪威尔此后再也没有靠近过任何灯塔。

斯莫尔斯灯塔

凯尔特海,大西洋,欧洲

北纬 51° 43′ 16″
西经 05° 40′ 11″

工程师:亨利·怀特塞德(1776 年)及詹姆士·沃克(James Walker)(1861 年)
第一座灯塔建造时间:1776 年
目前灯塔建造时间:1861 年
自动化时间:1987 年
目前状态:使用中
材质形态:圆柱体石砌灯塔
塔高:41 米
焦平面高度:36 米
照明范围:18 海里
灯光特征:每 15 秒三次白光闪烁

目前的灯塔由詹姆士·沃克主持建造,其设计以埃迪斯通灯塔为基础。1978 年,灯座之上建造了一个直升机停机坪。1987 年,灯光实现了自动化。

斯莫尔斯悲剧启发了多部当代电影作品。克里斯·克劳(Chris Crow)的《灯塔》(2016 年)是以这个故事为原型的;而《灯塔》(2019 年)的导演罗伯特·艾格斯(Robert Eggers),也是在研究了这座威尔士灯塔内发生的事情之后创作出的电影剧本。

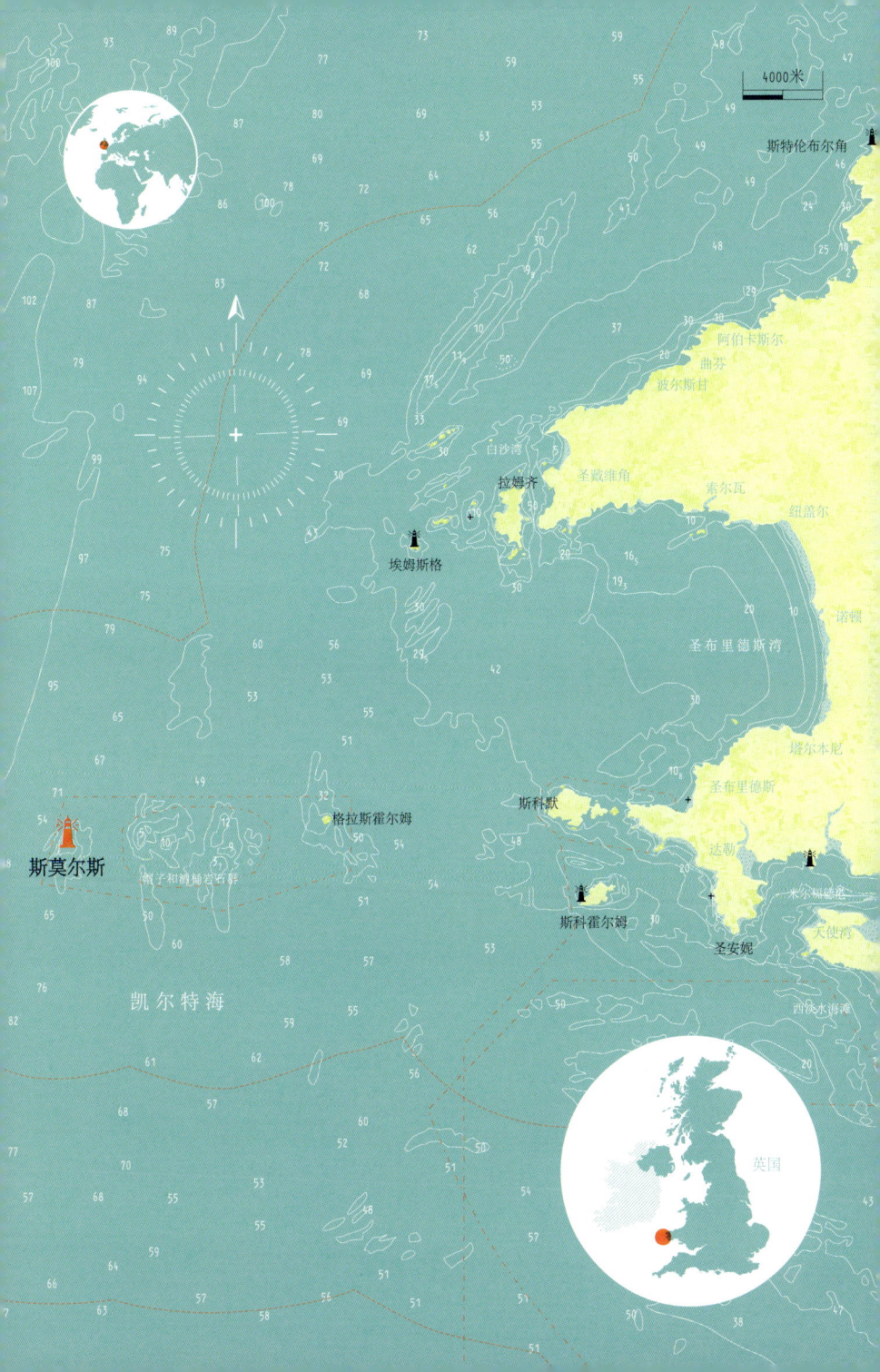

北美洲最孤寂的灯塔
从未接触过大海。

斯坦纳德岩,苏必利尔湖,马凯特,
密歇根州(美国)

斯坦纳德岩灯塔
Faro de Stannard Rock

29

北美洲最孤寂的灯塔从未接触过大海。它承受着超过九米高的巨浪,超过三米厚的冰层,以及迫使守塔人用绳子捆上自己才能不被刮跑的飓风。但它的灯光照亮的却只是一片淡水湖。

苏必利尔湖的面积相当于整个奥地利,湖中央藏着一座水下山峰。山峰露出水面的高度不到一米,它与任何地方的距离都超过四十公里。1835年,查尔斯·斯坦纳德(Charles Stannard)船长与此山不期而遇。他因恐惧而全身战栗,仿佛见到了幽灵。几年后,随着北美洲五大湖上的商业航线不断拓展,这里亮起了灯光,以警示危险。那是一项艰难且代价高昂的成就:建成这座灯塔耗费了二十年的商议和五年的工程。

在斯坦纳德岩,时间有着自己独特的节奏。守塔人爱德华·钱伯斯(Edward Chambers)和他的助手们无从得知西奥多·罗斯福(Theodore Roosevelt)的胜利,直到1904年总统选举结束五周之后。就在那个冬天,接他们回陆地的船因为冰冻迟到了一个月。当这艘船终于到达斯坦纳德岩时,已经弹尽粮绝的四个绝望之人,正准备乘坐小艇开启一趟穿过冰湖的自杀之旅。

一年之后,岩石上安装的无线电发射机终于缓解了守塔人的乡愁。短波跨越水面,在他们与马凯特(Marquette)灯塔的伙伴们之间搭建起一座语言的桥梁。马凯特的守塔人驻守在陆地上，为与世隔绝的同行们读来自妻子的信、海岸警卫队的电报以及报纸文章，让他们得以靠近这个世界。

一桩悲剧事件决定了斯坦纳德岩的未来。1961年6月18日夜里，存放在灯塔内的四千升汽油和丙烷引发了一场可怕的爆炸。当时正在楼上睡觉的沃尔特·斯科比（Walter Scobie）被抛下床铺；奥斯卡·丹尼尔（Oscar Daniel）——前一天刚刚到达的维修员——被压在一扇门下；理查德·霍恩（Richard Horne）看到救生艇漂走，跳进水里试图追回它，却没有成功；守塔人威廉·马克斯韦尔（William Maxwell）的运气最差，当场死亡。破冰船"地杨梅号"（*Woodrush*）在三天之后到达了灯塔。因为浓烟，他们无法攀上灯塔，但发现了在帆布下缩成一团的三名男子。靠着一罐番茄酱和两听菜豆，守塔人在码头幸存了下来。

虽然灯塔后来得到了修复，但再也没有人回到斯坦纳德岩居住。北美洲最孤独的灯塔变得更加凄凉。

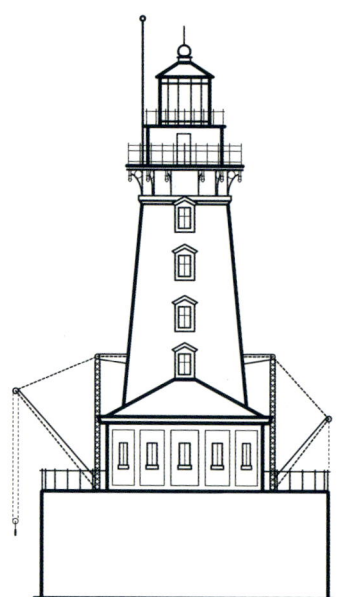

斯坦纳德岩灯塔

苏必利尔湖,北美洲

北纬 47° 11′ 00″
西经 87° 13′ 30″

工程师:奥兰多·梅特卡夫·坡
　　　　(Orlando Metcalfe Poe)
建造时间:1877年—1883年
亮灯时间:1883年
自动化时间:1962年
目前状态:使用中
材质形态:石灰石塔
塔高:30米
焦平面高度:31米
照明范围:18海里
灯光特征:每6秒一次白光闪烁

在斯坦纳德岩服务时间最长的纪录由埃尔默·索穆宁(Elmer Sormunen)创造,他在灯塔助理的岗位上连续工作了二十一年,直到1957年退休。

在斯坦纳德岩当守塔人是危险的,但也自有妙处:这块礁石是全美洲钓河鳟的最佳位置。

这是所有物种灭绝方式中绝无仅有的。

塔卡普雷瓦或斯蒂芬岛，
马尔堡（新西兰）

斯蒂芬岛灯塔
Faro de Stephens Island

30

大卫·莱尔（David Lyall）喜欢孤独。当得知自己将前往一个无人居住的小岛当守塔人的时候，他笑了。他想象着一小片几乎未被探索过的土地，在那里辨认鸟、昆虫和植物的种类。他从年轻时起就对自然很感兴趣，并利用凑巧得到的为数不多的几本自然历史书籍进行了自学。

斯蒂芬岛，在毛利语中叫做塔卡普雷瓦（Takapourewa），矗立在马尔堡的最北端。虽然距离海岸不过两公里多，却因其难以登陆而保持原封不变。在此建立灯塔是为了指引船只在库克海峡浑浊的激流中航行，而且自建成之初，这座灯塔便是新西兰最高、最巍峨的灯光。

莱尔在妻子和儿子的陪伴下在灯塔安顿下来。跟他们一起到来的还有小猫提伯尔（Tibbles），事实上，它才是这个故事的主角。提伯尔当时已有孕在身，它在岛上自由自在地游荡，而每次回到灯塔，都会向主人们献上一种奇异禽鸟的尸体。莱尔开始对这一鸟类独特的形体产生兴趣，虽然对于如何制作动物标本所知有限，他还是保存了一些样本。尽管自己无法确定其分类，但怀着一种获得重大发现的预感，他给著名的新西兰鸟类学家沃尔

185

特·布勒（Walter Buller）寄去了一件样本，沃尔特随即将其记录为一种未被描述过的物种。这一发现引起了鸟类学界的注意。英国著名的动物学家和银行家里奥奈尔·W. 罗斯恰尔德（Lionel W. Rothschild）也请求得到一些样本。罗斯恰尔德将这种鸟归入一个新的物种——这一归类不无争议——莱尔异鹩（斯蒂芬岛异鹩），属于雀形目家族。不过，正当分类学研究如火如荼之际，在岛上这种鸟类却日渐稀少。人们开始怀疑，是日渐壮大的猫家族，也许还有一些试图得到样本的自然学者的活动，使这一鸟类族群大量死亡。灯塔投入运行之后，仅过了一年左右的时间，新西兰基督城（Christchurch）的报纸《新闻报》便断言："有充分理由认为，这种鸟在斯蒂芬岛已经绝迹。直观而言，该物种已经灭绝，尚不知在其他地方是否存在。几乎可以肯定，这是所有物种灭绝方式中绝无仅有的记录。"

在小猫提伯尔到达之前，没有任何其他捕食性哺乳动物踏上过这片土地。1899 年，新任守塔人开枪打死了一百多只野猫，但直到二十六年后，才可以正式宣称这座岛上再无猫科动物的存在。莱尔很可能是曾见过活的斯蒂芬岛异鹩的少数人之一。据这位守塔人描述，莱尔异鹩的行为不像禽类，更像老鼠。它们不会飞。

30

斯蒂芬岛灯塔

库克海峡,太平洋,
大洋洲

南纬 40°24′00″
东经 174°00′00″

建造时间:1891 年—1894 年
亮灯时间:1894 年
自动化时间:1989 年
目前状态:使用中
材质形态:铸铁塔
塔高:15 米
焦平面高度:183 米
照明范围:18 海里
灯光特征:每 6 秒一次白光闪烁

斯蒂芬岛很难到达。这里的物资输送和人员更替都依赖于起重机,由起重机来完成船与陆地之间的接驳。1989 年,守塔人离开了岗位。2000 年,原有的灯光被远程控制的旋转航标替代。

今天,斯蒂芬岛上最广为人知的居民是新西兰大蜥蜴。这种稀有爬行动物已经濒临灭绝,而这座岛是妥善的庇护所。

失明的守塔人坚守在岗位上，
直到俄国革命之初。

斯维亚托诺斯基灯塔
Faro de Svyatonossky

31

1875年,沙皇亚历山大二世颁布法令,规定在白海服役的守塔人要满足如下招募条件:熟悉北部海岸艰苦的生活条件,有能力胜任岗位,自律、道德高尚,健康状况足以应付工作中的各项困难,此外还须掌握灯塔设施和气象设备的使用,拥有基本的医疗和卫生知识。

二十世纪初期,巴格伦采夫(Bagrentsev)失去了视力。一开始,他只是在书写登记簿时感到困难,后来他注意到自己很难分辨出地平线上改变线路的船只,这些船只从巴伦支海(Barents Sea)驶向圣鼻半岛(Svyatoy Nos)。最后,他意识到自己几乎已经无法找到灯塔的灯芯。但巴格伦采夫是一个执着的人。他在这个岗位上工作了很多年,对灯塔的每一个角落都了如指掌。此外,妻子可以帮助他完成比较复杂的工作。因此他不但没有申请退休,反而下决心留在这个岗位上。他向白海灯塔主管瓦西里耶夫(Vasiliev)上校报告了视力下降的问题,上校惊讶于他的工作如此出色,特意为他指派了一名助手。

灯塔中的生活一切正常,直到1913年,海军少将布赫捷耶夫(Bukhteev)的船舰突然抵达特尔斯基(Tersky)海岸。一位盲人掌管着斯维亚托诺斯基灯塔的消息传到了圣彼得堡,一些机会主义者觊觎巴格伦采夫的职位，多次向水务主管办公室写信，声称不该将操作这一设施的任务委托给一个残疾人。布赫捷耶夫突然造访正是为了调查这些指控是否合理。在严格的视察之后，这位海军少将在报告中写道："虽然巴格伦采夫双目失明，但他的工作一丝不苟，表现出高超的岗位技能。他拥有一种特殊的能力，可以探知灯光的任何异常或旋转装置的紊乱。他的助手主要负责气象观察工作。在妻子和助手的帮助下，他有能力适当地开展与灯塔相关的所有活动。他多年来兢兢业业的付出理应得到奖赏。"

失明的守塔人坚守在他的岗位上，直到俄国革命之初。后来，他将守护灯塔的使命传递给了儿子。那个时候，最后一任沙皇尼古拉斯二世早已无暇顾及白海上的灯塔。

31

斯维亚托诺斯基灯塔

巴伦支海与白海，欧洲

北纬 68° 08′ 01″
东经 39° 46′ 02″

建造时间：1862 年
亮灯时间：1862 年
自动化时间：2002 年
目前状态：使用中
材质形态：八角金字塔形木质塔
塔高：22 米
焦平面高度：94 米
照明范围：22 海里

斯维亚托诺斯基灯塔建成之初，首次委派了一位负责维护运行的守塔人主管和六名助手。灯塔坐落于北极圈上，由于极端气候，在头两个冬天，几乎所有的工作人员都死于坏血病。

然而，最后一位守塔人米哈伊尔·伊万诺维奇·戈尔布诺夫（Mikhail Ivanovich Gorbunov）于 1966 年上任，并在长达三十六年中成功地履行了这项职责。

大约三十个骨灰盒
已被存放于灯塔房间内。

提拉穆克岩，克拉索普，
俄勒冈州（美国）

提拉穆克岩灯塔
Faro de Tillamook Rock

32

在距离提拉穆克陡峭的海岸大约两公里的地方，凸起着一座状如海怪的玄武岩礁岛。1879年9月18日，一艘小艇来到附近，乘船到达的是波特兰建筑大师，也是经验丰富的灯塔建筑师约翰·R.特雷瓦瓦斯（John R. Trewavas），以及他的助手——一个外号"樱桃"的海员。特雷瓦瓦斯的任务是视察礁岛，选择建造灯塔的最佳位置。然而，提拉穆克岩不会被轻易征服。在试图登陆时，特雷瓦瓦斯滑倒并被海浪卷走。虽然"樱桃"跳进水里去营救，却没能把他成功救起。特雷瓦瓦斯的尸体再也没有被找到。

在此一年前，因为北俄勒冈海岸事故频发，为了便利航行，美国国会拨款五万美金用于建造一座一流的灯塔。但那时没有人能够预见，它的最终花费将超出计划的两倍。

一个守塔主管和四个助理被委任负责提拉穆克岩灯塔的运行。他们在岗位上值守三个月，然后到陆地休假两周。但是与世隔绝的狭小屋舍、频繁的暴风雨和持续不断的浓雾对他们的身体和心理状态造成了损害。虽然后来灯塔的轮值期限缩短了，但守塔人之间的关系变得愈发紧张。

第一位守塔人阿尔伯特·罗德（Albert Roeder）在忍受了四个月之后提交了辞呈。心怀愤懑的主管为了避免同助手们交谈，在晚餐时间相互传递字条进行交流。据一份当地报纸报道，灯塔助理比约林（Bjorlin）被撤职，因为他将玻璃磨成粉末放进主管的食物中，试图杀了他。另一名助理于1906年8月也被调离岗位，因为他"精神极度紧张，可能出现精神紊乱"。这座灯塔从此被熟知为"可怕的提利"[①]。

在投入使用七十八年后，提拉穆克岩的灯光熄灭了。灯塔被一个有声浮标取代，礁岛也被私人购得。1980年，不动产商密米·莫莉塞特（Mimi Morissette）以五万美金的价格买下此地——奇怪的是，这正是百年前指定用于灯塔建设的同样金额——并把它变成了海上长眠之地：独一无二的、远海中的骨灰安置所。这一项目后来因为法律问题而搁浅，但大约三十个骨灰盒已经被存放于灯塔房间内，其中包括莫莉塞特的父母。也许，在并不遥远的地方，约翰·R.特雷瓦瓦斯的遗骨也在礁石深处的隐秘角落安息。

---

① 提利（Tilly），应为"提拉穆克"（Tillamook）的简称。

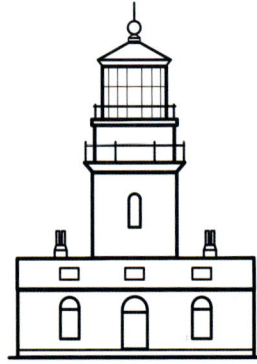

提拉穆克岩灯塔

太平洋，北美洲

北纬 45° 56′ 15″
西经 124° 01′ 08″

建造时间：1880 年
亮灯时间：1881 年
停用时间：1957 年
材质形态：玄武岩、砖、铁混合石砌塔
塔高：19 米
焦平面高度：41 米
照明范围：18 海里
原始透镜：菲斯涅 1 级

就在这座灯塔亮灯的几天之前，"卢帕蒂亚号"（*Lupatia*）在一片浓雾中被飓风卷向海岸。灯塔的工作人员听到船员们的呼喊，连忙用灯光示意。然而第二天早上，"卢帕蒂亚号"船员们的尸体出现在提拉穆克角的海滩。只有一位幸存者：船上的小狗成功地游到了岸上。

布列塔尼语中，
"戈尔贝拉"意为最遥远的岩石。

戈尔贝拉岩,拉兹岬角,普洛戈克,
菲尼斯特雷(法国)

维耶灯塔
Faro de Vieille

33

科西嘉战争中的两名伤员曼多里尼(Mandolini)和费拉奇(Ferracci)被委派到维耶作为灯塔助理。维耶灯塔矗立在戈尔贝拉岩(Gorle Bella Rock)上,面对着拉兹岬角(Punta de Raz)。在布列塔尼语中,"戈尔贝拉"意为最遥远的岩石。

曼多里尼对大海充满恐惧,他肺部穿孔,一只胳膊行动不便;费拉奇身体里有一枚子弹,爬上通往灯座的一百二十级台阶相当困难。当他们明白自己备受摧残的身体无法承受这个苍凉之地的艰苦条件时,便一次又一次地请求调任。然而,尽管有医学报告证明,申请却屡被拒绝。

第一次世界大战结束时,无数士兵在战争中落下残疾。为了支持他们重回职场,1924 年,法国政府颁布法律,拟定了一份用于安置伤残士兵的职位清单,其中包括公园门卫、邮递员、博物馆保安。守塔人的工作也名列其中,也许管理当局想当然地认为这是一项轻松的工作。

1925 年 12 月,守塔主管正在休假,两名助理单独留在灯塔中。法国海岸刮起了猛烈而持续的风暴。在与世隔绝的几个星期内,曼多里尼和费拉奇精疲力竭、弹尽粮绝。他们升起了黑色的旗帜请求救援，然而救援没有到来：如此劲急的海浪中，没有任何船只能够靠近灯塔。

1926年2月19日清晨，"惊喜号"（*Surprise*）轻便船在普洛戈克附近的礁石处搁浅，八位船员罹难。那天晚上，维耶的灯光一直没有点亮，雾号也没有鸣响，黑色的旗帜依然飘扬在灯塔上方。

一个星期后，当地渔民克莱特·科奎特（Clet Coquet）驾着他的小船来到了灯塔附近。他的儿子皮埃尔（Pierre）和阿赫曼（Ar-Men）灯塔的守塔人尼古拉斯·凯尼农（Nicolas Kerninon）身系绳索，成功游过了大西洋浑浊的海水，登上了岩石。在那里，他们发现了那两位守塔人，虽然一息尚存，却"面无人色，遍体鳞伤"。

这件事情被媒体以《地狱中的两位残疾人》为题广泛报道。从此，守塔人这一职业从法兰西共和国的战争老兵预留职位名单中消失了。

33

维耶灯塔

伊洛瓦兹（Iroise）海，
大西洋，欧洲

北纬 48° 02′ 26″
西经 04° 45′ 23″

建造时间：1882 年—1887 年
亮灯时间：1887 年
自动化时间：1995 年
目前状态：使用中
材质形态：花岗岩塔
塔高：26.9 米
焦平面高度：33.9 米
照明范围：15 海里
灯光特征：白光、红光、绿光交替，各两次闪烁加各一次闪烁为一组，每 12 秒一组

伊洛瓦兹海上还有其他与世隔绝的灯塔——朱芒（Jument）灯塔、阿赫曼（Ar-men）灯塔以及克雷翁（Kéréon）灯塔。跟它们一样，维耶塔灯塔守塔人的轮替以及物资供应是通过一个名为"卡尔塔胡"（cartahu）的缆绳系统实现的。守塔人必须被固定在一张座椅中，然后挂在缆绳上以腾空体操的姿势从船只飞跃到礁岛或从礁岛飞跃到船只。这一操作极其危险，因为船只与岩石距离很近，要求无论是驾船者还是守塔人都有非常灵活的身手。

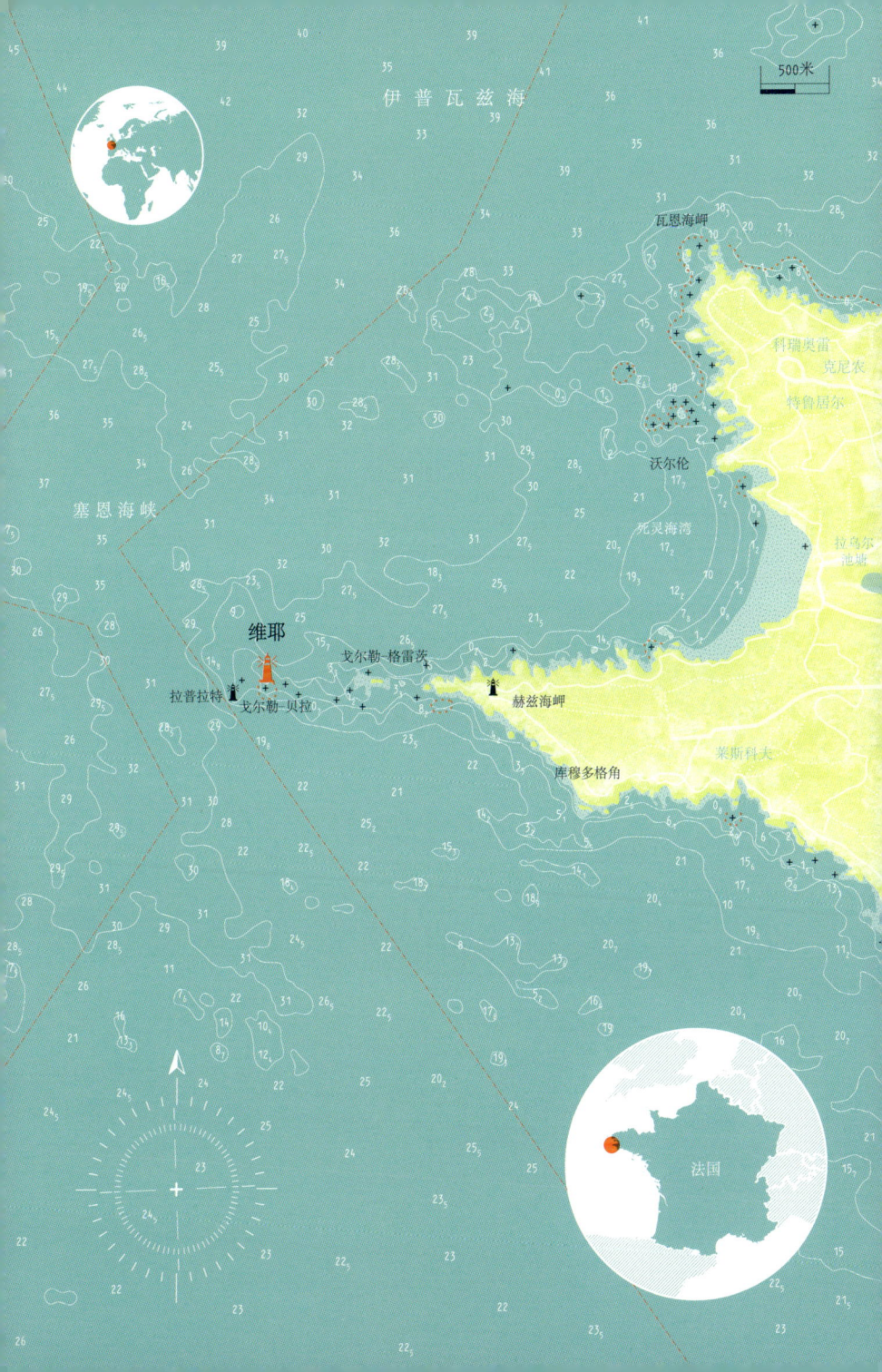

守塔人一般都是
英国父亲和中国母亲的儿子。

蚊尾洲或盖普岩，万山群岛，
香港（中国）

蚊尾洲灯塔
Faro de Wenwei Zhou

在十九世纪来临之前，中国的茶叶已经在大英帝国供不应求。虽然英国和清朝的商业关系一开始是友好的，但很快就急转直下，出现了危机。两国之间的矛盾导致了第一次鸦片战争的爆发。1842年，大清帝国战败，并向英国割让了香港岛。

在香港以南的中国南海上，延绵散布的万山群岛像一幅绿色的油画。万山群岛由一百多座岛屿组成，神秘而不可探知。1850年前夕，海上交通日益增长，这片水域亟须灯光照亮。英国人也认为有必要在大清帝国所辖的岛屿上建造几座灯塔。因此，双方政府不得不就分布在这些岛屿上的灯塔的建造和管理展开磋商。这一合作也产生了协议之外的结果：由亚欧混血人群管理香港的灯塔成为一种惯例，他们一般都是英国父亲和中国母亲的儿子。在某种程度上，这与政府的政策无关，而是作为一种传统延续下来，并被守塔人引以为荣。

4级。5级。6级。这是横扫蚊尾洲的飓风的测量等级。这块突兀的礁石被动荡不安的海水隔绝在海岸以外八十公里的地方，从万山群岛的地图上看，仿佛停留在海面上的一只蚊子的尾巴。岛屿礁石折断成两截，中国人称之为蚊尾洲，英国人称为盖普岩。

在礁石最高的部分，也就是南侧，耸立着一座外观像城堡一样的灯塔。1892年，一束灯光从瑞士远道而来，斯堪的纳维亚半岛的光芒照亮了亚洲的海域。在建造者们眼中，这座要塞显得坚不可摧，然而没过几年，一场台风损毁了灯塔。当局派人来评估损害，但因为蚊尾洲没有港口，很难登陆，到访者们被浪头卷入了海中。终于有人意识到这个位置并不适合建造灯塔时，修复工作已然完成。显然，礁石的北侧在飓风中更加安全。

如果说暴风雨并没有使灯光熄灭，战争却做到了这一点。1927年—1949年中国国内战争期间，在蚊尾洲发生过激烈的战役，残留的弹片以及墙上的弹孔都是见证。战争结束之后，灯塔熄灭了四十多年，直到八十年代才被修复。目前，自动化的灯光向航行在中国南海的船只们指示着小小的"蚊子岛"。

34

蚊尾洲灯塔

中国南海,太平洋,
亚洲

北纬 21° 45′ 50″
东经 113° 56′ 16″

建造时间:1890 年—1892 年
亮灯时间:1892 年
停用时间:1927 年—1949 年
自动化及重新投入使用时间:1986 年
目前状态:使用中
材质形态:水泥砖塔
塔高:24 米
焦平面高度:45 米
照明范围:20 海里
原始棱镜为 1 级

中国珠海一家旅行社曾试图将这座灯塔变成旅游景点。他们提供小团队旅游线路,乘船到达蚊尾洲,并在岛上度过一夜。但这一线路运作了几次之后就被放弃了。